《软式棒垒球课程学生运动能力测评规范》解读

于素梅　崔兰芹　陆　杨　等　编著

教育科学出版社
·北　京·

主　编　于素梅　崔兰芹　陆　杨
副主编　王银银　郑　璐　高建华　左而非
参　编　尉建新　田　静　张永在　王　奔　王　彤　李振江　李建永
张家强　宋晓露

出 版 人　郑豪杰
项目统筹　梁祎明
责任编辑　李　楠
版式设计　思瑞博　吕　娟　李　顺
责任校对　贾静芳
责任印制　叶小峰

图书在版编目（CIP）数据

《软式棒垒球课程学生运动能力测评规范》解读 / 于素梅等编著 . -- 北京 : 教育科学出版社 , 2024. 12. (学生运动能力国家标准解读丛书). -- ISBN 978-7-5191-4195-0

Ⅰ . G848-65

中国国家版本馆 CIP 数据核字第 2025X5M152 号

《软式棒垒球课程学生运动能力测评规范》解读
《 RUANSHI BANGLEIQIU KECHENG XUESHENG YUNDONG NENGLI CEPING GUIFAN 》 JIEDU

出版发行	教育科学出版社		
社　　址	北京 · 朝阳区安慧北里安园甲9号	邮　　编	100101
总编室电话	010-64981290	编辑部电话	010-64989524
出版部电话	010-64989487	市场部电话	010-64989035
传　　真	010-64891796	网　　址	http://www.esph.com.cn
经　　销	各地新华书店		
制　　作	北京思瑞博企业策划有限公司		
印　　刷	河北巴彩丰包装制品有限公司		
开　　本	787毫米 × 1092毫米　1/16	版　　次	2024年12月第1版
印　　张	6.75	印　　次	2024年12月第1次印刷
字　　数	94千	定　　价	54.00元

前 言

随着教育强国、体育强国建设的不断推进，体育课程改革日益深化，体育育人目标也聚焦在以运动能力、健康行为和体育品德为表现的核心素养的培育上。建立标准，不仅能够及时测评学生运动能力，了解学生运动能力水平，衡量体育核心素养培育成效，也是落实中共中央办公厅、国务院办公厅《关于全面加强和改进新时代学校体育工作的意见》等的重要保障，并能为体育学业质量评价、学生运动水平认证等提供直接依据。

为更好地贯彻落实《义务教育体育与健康课程标准（2022 年版）》和国家相关政策要求，依据新课标提出的“运动能力主要体现在基本运动技能、体能、专项运动技能的掌握与运用”和《〈体育与健康〉教学改革指导纲要（试行）》提出的“专项运动能力评价可依据专项运动技能学习结构化内容确定评价内容，特别要注重对学生运用知识的能力以及比赛能力的评价”，研制了《软式棒垒球课程学生运动能力测评规范》国家标准（以下简称“软式棒垒球标准”），以期为更规范、科学、系统地评价学生软式棒垒球运动能力提供可靠依据和可操作的方法，为促进学生体育核心素养的培育发挥支撑作用。

“软式棒垒球标准”于 2024 年 5 月 28 日，由国家市场监督管理总局、国家标准化管理委员会批准发布。为进一步促进该标准的推广和应用，更好地服务于体育教学改革、体育教育质量监测等教育教学与评价工作，标准研制团队又编写了《〈软式棒垒球课程学生运动能力测评规范〉解读》。本书深度解析标准研制依据，精准把握标准测评内容，生动展示标准测评方法，提供权威标准测评工具，可作为“软式棒垒球标准”培训权威指导用书。

于素梅

中国教育科学研究院体育美育教育研究所

中国教育科学研究院中央级公益性科研院所基本科研业务费专项资助“幸福体育大课堂的理论与实践研究”（项目编号：GYI2024012）

目 录

第一章

《软式棒垒球课程学生运动能力测评规范》概述

一、基本内容

（一）结构与主要内容

“软式棒垒球标准”从范围、规范性引用文件、术语和定义、等级划分与达标要求以及运动能力测评 5 个部分进行了描述。（表 1–1）

表 1–1 《软式棒垒球课程学生运动能力测评规范》结构与主要内容

基本框架	规定内容	具体内容
范围	规定本标准的适用范围	适用于小学、初中、高中、大学各学段学生软式棒垒球运动能力的测评
规范性引用文件	标注本文件引用的规范性引用文件	本文件没有规范性引用文件
术语和定义	界定标准主要涉及的术语和定义（全文出现 2 次及以上）	8 条术语及其基本概念，包括软式棒垒球课程学生运动能力、软式棒垒球、地滚球、击球区、固定球、移动球、慢投垒球、平直球
等级划分与达标要求	明确测评等级划分和各等级达标要求	等级划分：6 个等级（一级到六级） 各等级达标要求：测评内容、观测点、合格要求、达标要求
运动能力测评	规定各等级测评方法	各等级测评场地器材、测评员工作、受测者测试步骤

（二）术语和定义

3.1

软式棒垒球课程学生运动能力　student's athletic ability of tee-ball course

学生在软式棒垒球课程学练赛活动中形成的，运用击球、跑垒、接球、传球等技能完成特定任务的综合表现。

3.2

软式棒垒球　tee-ball

将软质球放在打击座上，进攻队员用软质球棒击球、跑垒得分，防守队员运用接球、传球等技、战术阻止进攻，两队轮流攻守的球类运动。

3.3

地滚球　ground ball

击出后沿地面滚动的球。

3.4

击球区　batter's box

击球员通过击球帮助进攻队得分时站立的区域。

3.5

固定球　the fixed ball

放在打击座上的球。

3.6

移动球　the moving ball

投手、抛球机投向本垒板及好球板的球。

3.7

慢投垒球　slow pitch softball

限制投手掷出球的飞行弧线最高点（1.8 m～3.6 m），投球速度较慢，进攻队员运用击球、跑垒得分，防守队员运用接球、传球等技、战术阻止进攻，两队轮流攻守的球类运动。

3.8

平直球　line drive

进入比赛场地快而平的飞行球。

解读

"软式棒垒球标准"选择以上术语是为了更好地描述和评估学生在软式棒垒球课程学练赛活动中形成的运动能力。这些术语和定义均在文中出现2次及以上。软式棒垒球课程学生运动能力共有六级，其中，软式棒垒球是一级、二级、三级测评内容；地滚球是一级、二级、五级、六级测评内容；固定球是二级、三级测评内容；移动球是四级、五级、六级测评内容；慢投垒球是四级、五级、六级测评内容；平直球是五级、六级测评内容。

（三）等级划分与测评内容

软式棒垒球课程学生运动能力按照难度进阶划分为6个等级。一级和二级是夯实基础期，三级和四级是提高能力期，五级和六级是发展特长期，一级到六级的运动能力逐级提高。

“软式棒垒球标准”按照一级到六级能力进阶的考查要求，设计了各等级对应的测评内容。（表 1–2）

表 1–2 软式棒垒球课程学生运动能力测评内容与能力要求

等级	测评内容			能力要求
	单个技能	组合技能	比赛	
一级	1. 接地滚球 2. 下手抛球	接地滚球—下手抛球	软式棒垒球一级比赛	受测者能判断地滚球的方向并能快速接住球；抛球的方向和准确度；比赛中能快速移动
二级	1. 肩上传球 2. 击打固定球	接地滚球—肩上传球	软式棒垒球二级比赛	受测者能专注于击中球；判断地滚球的方向并能快速接传到指定位置；比赛中能传接配合
三级	1. 击打固定球 2. 接高飞球	击打固定球—二垒跑	软式棒垒球三级比赛	受测者能专注于快速击打高飞球；判断高飞球的方向并能接住球；比赛中能击球跑垒、传接配合
四级	1. 击打移动球 2. 掷远	击打移动球—全垒跑	慢投垒球四级比赛	受测者能专注于快速击中移动球；快速发力传球；比赛中能击球跑垒、传接配合及接杀
五级	1. 击打移动球 2. 传平直球	接地滚球—肩上传平直球	慢投垒球五级比赛	受测者能专注于快速击打移动球；接稳地滚球、快速传准球；比赛中能击球跑垒、传接配合、接杀及封杀
六级	1. 击打移动球 2. 传平直球	接地滚球—肩上传平直球	慢投垒球六级比赛	受测者能专注于快速击球到指定位置；接稳地滚球并快速传准球；比赛中能击球跑垒、传接配合、接杀、封杀及触杀

二、使用建议

“软式棒垒球标准”适用于小学、初中、高中、大学各学段学生软式棒垒球运动能力的测评。本标准充分考虑体育教学、体育学业质量评价、体育教育质量监测等工作的使用需要，结合不同地区、不同学段的学校体育开展实际，综合考量标准在全国的推行和实施难度，确保标准具备广泛的适用性。

（一）可应用于体育教学

“软式棒垒球标准”可应用于体育教学，从教学组织、教学设计、教学方法等方面入手，为学生提供更加科学化、个性化的教学服务，提高软式棒垒球课程的教学质量和效果，促进学生全面发展和健康成长。

1 教学组织

（1）选项走班

走班制是一种灵活的教学组织形式，允许学生根据自己的兴趣、能力和需求选择适合自己的专项运动班级进行学习。在软式棒垒球课程中，教师可以结合“软式棒垒球标准”，设置不同教学难度的班级，以满足学生的个性化需求。教师可以根据标准中每个等级对应的软式棒垒球课程进行授课。学生可以根据标准对标自己的软式棒垒球运动能力等级，选择对应的班级上课，这样可以确保学生在适合自己的教学环境中学习软式棒垒球，从而提高学习效果。

（2）分层教学

分层教学是根据学生的实际情况，如技能水平和学习能力等，将学生分为不同的层次进行教学。在软式棒垒球课程中，教师可以结合“软式棒垒球标准”，将学生进行合理分层，如分为初级、中级和高级等不同层次。初级，可以从零基础开始，通过学习达到一级和二级水平；中级需要学生已经具备二级水平，可以开始学习三级对应的难度内容，直至达到四级水平；高级需要学生已经达到四级水平，通过学习可以向五级、六级水平发展。针对不同层次的学生，教师可以设置不同的教学目标、教学内容和教学方法。

2 教学设计

在教学中，结合“软式棒垒球标准”的教学理念，以促进学生全面发展为目标，以激发学生兴趣为引导，通过科学、系统的教学设计，提升学生的软式棒垒球运动能力，促进学生身心健康发展。软式棒垒球课程教学设计主要包括模块教学设计、单元教学设计和课时教学设计 3 部分。

（1）软式棒垒球模块教学设计

软式棒垒球课程学生运动能力按难度逐级进阶设定了 6 个等级。与这 6 个等级相对应，将软式棒垒球项目教学内容分为 6 个模块：模块一和模块二为夯实基础期，对应运动能力的一级和二级；模块三和模块四为提高能力期，对应运动能力的三级和四级；模块五和模块六为发展特长期，对应运动能力的五级和六级。6 个模块内容纵向衔接，层层递进。

在进行软式棒垒球模块教学设计时，教师还应考虑以下关键点：首先，根据学生的实际情况，挑选适合他们的模块进行教学。其次，重视阶段性评估，以便及时对教学方案进行反馈和调整。最后，确保软式棒垒球教学内容的全面性，根据学生的学习进度，合理安排每个模块的知识学习、技能练习、体能练习等。

（2）软式棒垒球单元教学设计

软式棒垒球单元教学设计遵循每个模块的教学框架，将模块内容划分为几个相互关联的大单元，并进一步将这些内容分配到每次课程的教学计划中。依据《义务教育体育与健康课程标准（2022 年版）》中“健康第一”和“教会、勤练、常赛”的课程理念，每个单元均设置学习内容、练习内容和比赛内容，确保各个单元的学习、练习和比赛内容能够有机地结合在一起。

在进行软式棒垒球单元教学设计时，教师需重点考虑以下方面：首先，依据教学对象和单元学习内容，合理安排总课时数，考虑到不同教学阶段和学生学习能力的差异，课时数量应做出适当调整。其次，确保每个课时的教学目标能够具体反映单元目标，且各课时目标之间应呈现逐步递进的关系。最后，应挑选恰当的教学组织形式和教学方法。

（3）软式棒垒球课时教学设计

软式棒垒球课时教学设计是在单元教学设计的基础上，结合学校的具体场地设施、器材资源以及班级学生的实际情况，对软式棒垒球教学中的各个要素进行详细规划和设计，其目的是构建一个集学习、练习、竞赛和评价于一体的软式棒垒球课程教学体系，从而形成一个完整的课堂教学实施方案。

在进行软式棒垒球课时教学设计时，需要特别关注以下几个关键要素：首先，应设定具体、可衡量的教学目标，并灵活运用多种教学手段和方法，以情境式深度教学的方式，激发学生的学习兴趣和参与热情。其次，应合理安排学生的运动负荷和练习密度，确保学生在安全的前提下，能够充分参与软式棒垒球学练，从而达到最佳的学练效果。最后，应注重课堂过程性评价，通过观察、记录和反馈，及时了解学生的学习进展和存在的问题，从而调整教学策略，帮助学生在软式棒垒球学练中不断进步和成长。

3 教学方法

教学中采用多样化的、适宜的学习方法可以帮助学生更好地发挥自己的优势，弥补自己的不足，提高学习效果。在软式棒垒球课程中，教师可以根据学生的身体状况、心理特征、兴趣爱好等方面的差异，采用不同的教学方法和手段进行教学。例如，对于身体素质较差的学生，教师可以采用渐进式的教学方法，逐步提高学生的身体素质；对于心理素质较差的学生，教师可以采用鼓励式的教学方法，帮助学生建立自信、提升勇气；对于兴趣浓厚的学生，教师可以采用拓展式的教学方法，引导学生深入学习和探索软式棒垒球的乐趣。基于学生的运动能力差异，软式棒垒球课程教学可以更加适宜每个学生的发展需求，根据学生不同的运动能力水平，更有针对性地安排教学内容和练习方法。

（二）可应用于质量监测

“软式棒垒球标准”可应用于质量监测，为监测学生体能提供明确的指标，还能在此基础上增加对专项运动能力的监测，有助于提升教育质量，促进区域比较，并为教育决策提供可靠依据。

1 使体育教育质量监测更科学

通过这一标准，教师可以更加准确地评估学生的软式棒垒球运动能力水平，从而制订更有针对性的教学计划。同时，学生也能根据自己的实际情况，选择适合自己的学习内容和进度，提高学习效果。

2 全面评价学生软式棒垒球运动能力

在过去，体育教育往往只关注学生的体能水平，而忽视了专项运动能力。通过增加对专项运动能力的监测，教师可以更加全面地了解学生的软式棒垒球运动能力，从而更好地指导学生的学习和锻炼，促进学生软式棒垒球运动能力的提高。

3 促进区域比较

标准是全国统一的，不同地区、不同学校的学生都可以按照相同的标准进行测评。通过“软式棒垒球标准”，可以更加客观地比较不同地区、不同学校之间的软式棒垒球教育水平，有针对性地提出可行的解决方案。

4 为教育决策提供可靠依据

通过对学生软式棒垒球运动能力的科学评价，教师可以了解学生在软式棒垒球学习中的优势与不足，进而调整教学计划和策略，提高教育质量。同时，这一结果也可以作为教育评估的重要指标之一，为教育政策的制定和调整提供有力支持。

（三）可应用于督导评估

“软式棒垒球标准”的制定和实施，不仅能准确评估学生的软式棒垒球运动能力，还能有效反映学校体育发展的整体水平。对于督导评估学校体育发展水平以及推动软式棒垒球教育的质量提升具有重要意义。在学校体育督导评估指标体系中，可以将学生运动能力应达到的等级作为其中一项重要指标，使督导评估工作更加客观、精准，也更能反映学校体育发展水平。

1 课程建设

通过软式棒垒球课程学生运动能力测评，可以检验软式棒垒球课程的教学内容、教学方法是否科学合理，能否满足学生的实际需求，进而推动软式棒垒球课程建设的不断完善和优化。

2 师资强化

软式棒垒球课程学生运动能力测评的结果可以反映教师的教学水平和专业能力。

通过对测试结果的分析，可以发现教师在教学中的优势和不足，进而有针对性地开展培训，提升教师专业能力。

3 学生参与

软式棒垒球课程学生运动能力测评可以激发学生参与软式棒垒球运动的兴趣。通过参与测试，学生可以了解自己的软式棒垒球运动水平，明确学习目标和方向。同时，测试结果也可以作为选拔优秀学生参加更高级别比赛或活动的重要依据。

4 条件改善

软式棒垒球课程学生运动能力测评对场地、器材等设施条件提出了一定的要求，这有助于推动学校加大对体育设施建设的投入力度，改善体育教学条件，为学生提供更好的体育锻炼环境。

三、实施保障

（一）规范测评方法

学生运动能力测评是一个复杂的过程，只有测评方法合理，测评结果的准确度才会有保障。第一，测评需要有专业的场地、器材，场地、器材既要符合测评相应等级的要求，也要与学生的年龄特点和发展实际相一致。第二，测评需要有专业的测评员，测评员不仅要懂得软式棒垒球各等级测评内容、达标要求、测评步骤等；还要具有公平、公正的测评专业素养，这是测评工作能够合理、有序开展的重要保障。第三，测评手段要多元化，从人工到智能的方式逐渐过渡，最终采用智能的方式测评学生的运动能力发展水平。在初期智能测评工具开发尚不完善的时候，可以通过人工测评的方式实施测评工作。随着智能测评工具的不断开发和完善，智能测评应逐渐渗透其中。智能测评不仅能够在一定程度上减轻人工测评的负担、降低组织测评工作的复杂性，而且还能够提升测评的客观性和精准度，并通过大数据对测评结果做及时反馈，同时大大提高运动能力标准的普及程度和应用范围。

（二）加强培训

为了确保“软式棒垒球标准”在全国范围内有效推广和应用，提升软式棒垒球课程教学质量和测评教师的专业素养，需要加强测评教师的培训工作。在培训目标方面，要让教师深入理解“软式棒垒球标准”的核心理念和测评要求，掌握软式棒垒球课程学生运动能力测评的具体方法和技巧，提升测评教师的专业素养和教学能力，确保测评工作的准确性和公正性。在培训内容方面，可以采用理论与实践相结合的形式，将标准培训与教学改革相结合，让教师了解“软式棒垒球标准”建设的要求，加强测评工作的规范性，交流学习如何通过教学让学生达到相应的运动能力等级。在培训形式方面，可以采用线上线下相结合的方式。线上培训可依靠数智赋能，提供线上视频教程、在线答疑等服务，方便教师随时随地进行学习；线下培训可组织集中培训，邀请专家授课和现场指导，确保教师能够全面掌握测评技能和教学方法。

（三）开展试点

试点工作开展前，项目组核心成员需要制定规范的测评员培训和考核办法，在测评员了解“软式棒垒球标准”的测评流程和评定办法的前提下开展测评工作。试点工作的实施，第一是确立试点区和试点校。可以在前期已经确立的试点区和试点校中开展试点工作，也可以在后续征集试点区和试点校的活动中扩大试点范围，其目的是能够让更多的区域和学校会用标准、用好标准，使标准更好地服务于学生的全面发展，促进学校体育高质量发展。第二是研制试点工作方案，包括教学改革试点工作方案、质量监测试点工作方案、体育中考试点工作方案、督导评估试点工作方案等，有组织地开展试点工作才能更有成效，并通过方案实施获取有益经验。第三是组织开展试点工作实践，不同的试点区和试点校可以结合区域和学校实际情况选择一种或多种试点方案，组织开展试点工作，在试点工作实践中不断优化试点工作。第四是组织开展试点经验展示交流活动，让有经验的试点区和试点校作为示范典型在全国范围内宣传和推广，让其他地区和学校学习借鉴、少走弯路、提高实效，从而使标准发挥更大的作用。

第二章

软式棒垒球课程学生运动能力一级测评

一、一级达标要求

4.2.1　一级达标要求

4.2.1.1　一级技能应符合表 1 的要求。

表 1　一级技能要求

<table>
<tr><th colspan="2">测评内容</th><th>合格要求</th></tr>
<tr><td rowspan="2">单个技能</td><td>接地滚球</td><td>≥7 次</td></tr>
<tr><td>下手抛球</td><td>≥7 次</td></tr>
<tr><td>组合技能</td><td>接地滚球—下手抛球</td><td>≥7 次</td></tr>
</table>

4.2.1.2　一级比赛应符合表 2 的要求。

表 2　一级比赛要求

<table>
<tr><th>测评内容</th><th>观测点[b]</th><th colspan="2">合格要求[c]</th></tr>
<tr><td rowspan="6">软式棒垒球一级比赛[a]
进行 3 局，总分获胜队每人加 2 分，平局每队每人加 1 分，每一局比赛中获胜队每人加 2 分，防守队零封对手，每人加 2 分，累计加分</td><td>持棒</td><td>双手持棒动作正确</td><td rowspan="6">个人总分≥3 分</td></tr>
<tr><td>击球</td><td>进攻队员将固定球击到比赛场地内的有效球</td></tr>
<tr><td>上垒</td><td>进攻队员击打固定球后跑垒并踏一垒垒包</td></tr>
<tr><td>站位</td><td>防守队员站位准确</td></tr>
<tr><td>接球</td><td>防守队员将进攻队员击出的地滚球或队友传来的腾空球接住</td></tr>
<tr><td>传球</td><td>防守队员将球传向队友的位置</td></tr>
<tr><td colspan="4">[a] 比赛规则参考《软式棒垒球》。
[b] 内场手 4 个及以上观测点、外场手 3 个及以上观测点应达到合格要求。
[c] 3 名测评员均判定达到要求为合格。</td></tr>
</table>

4.2.1.3　一级应符合表 1 和表 2 的要求。

解读

1 接地滚球（以右手为例）

受测者正对来球，两脚分开宽于肩，左脚在前，右脚略靠后，重心降低，上身前倾，屈膝，大腿和小腿约成 90°；两眼盯球，双手前伸，传球手置于接球手上方，准备保护；当球进入接球手后，传球手迅速保护，双手握球收向腹部。（图 2-1）。

图 2-1　接地滚球（以右手为例）

2 下手抛球（以右手为例）

受测者正对传球目标，两脚前后开立，左脚在前，右脚蹬地，重心前移，传球手臂经体侧直臂由下向前摆动将球抛出，掌心正对传球目标。（图 2-2）。

图 2-2　下手抛球（以右手为例）

3 接地滚球—下手抛球（以右手为例）

受测者正对来球，两脚分开宽于肩，左脚在前，右脚略靠后，重心降低，上身前倾，屈膝，大腿和小腿约成 90°；两眼盯球，双手前伸，传球手置于接球手上方，准备保护；当球进入接球手后，传球手迅速保护，双手握球收向腹部。接稳来球后，右脚向传球目标跨步，身体重心前移；左脚上步落地的同时，右脚蹬地，重心前移，传球手臂经体侧直臂由下向前摆动将球抛出，掌心正对传球目标。(图 2-3)。

图 2-3　接地滚球—下手抛球（以右手为例）

4 持棒

双手持棒动作正确。两手上下握棒顺序正确，没有空隙，双手指关节相对应。

5 击球

进攻队员将固定球击到比赛场地内的有效球。击中的球只要进入场地即可。

6 上垒

进攻队员击打固定球后跑垒，并踏一垒垒包。击球后无论是否被杀出局，都全力跑上一垒。

7 站位

防守队员站位准确。场上有投手、本垒、一垒、二垒、三垒、游击、左外、中外、右外九大防守位置，每位防守队员要明确自己的防守区域。

8 接球

防守队员将进攻队员击出的地滚球或队友传来的腾空球接住。

9 传球

防守队员将球传向队友的位置。只要向队友的位置传球即可，可以是腾空球、反弹球等。

二、一级测评方法

软式棒垒球一级测评包括 2 项单个技能测评、1 项组合技能测评、1 项比赛测评。

（一）单个技能——接地滚球

1 场地器材

5.1.1.1 场地器材

测评场地、器材按如下规定：

a) 场地：一块半径为 30 m 的直角扇形，垒间距为 13 m；

b) 器材：

1) 软式棒垒球 10 个（ϕ=85 mm；材质：聚氨酯 PU；质量：75 g±5 g）；

2) L 形双色垒包组 1 套（L 形双色垒包 3 片，尺寸：780 mm×780 mm×5 mm；白色本垒板 1 片，尺寸：430 mm×430 mm×5 mm）；

3) 发球机 1 台（发球机球速：8.33 m/s～11.11 m/s）。

解读

接地滚球测评场地是 1 块半径为 30 m 的直角扇形区域，扇形的顶角位置为本垒，沿逆时针方向的 3 个方形标记分别为一垒、二垒、三垒，垒包间距为 13 m。在本垒位置放置发球机。各类器材规格和材质要求如上所述。

2 测评员工作

5.1.1.2 **测评员工作**

测评工作应由 1 名测评员完成，其测评工作包括但不限于：

a) 测评员站立于受测者侧前方，如图 1 所示；

b) 记录成功接球的次数。

单位为米

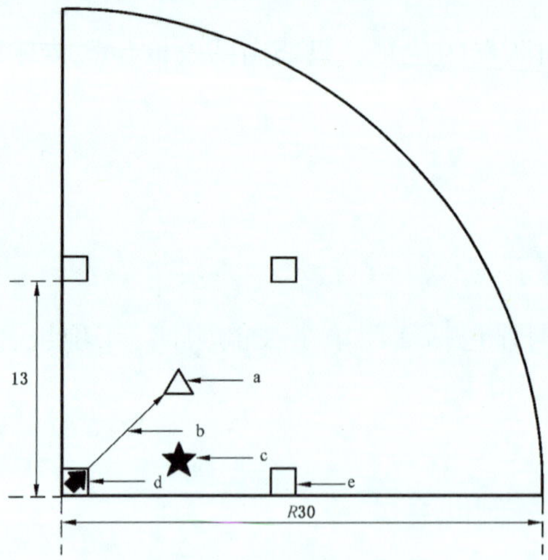

标引序号说明：

a ——受测者位置；

b ——传球路线；

c ——测评员位置；

d ——发球机位置；

e ——垒包位置。

图 1 接地滚球测试示意图

解读

接地滚球测评工作由 1 名测评员完成，测评员站位如图 1 所示。测评员具体任务如下：

（1）组织受测者有序进行测试，测试前先核对受测者的相关信息，确保信息无误，并让受测者按顺序站成一路纵队。

（2）向受测者讲解测试的方法、要求、注意事项等，使受测者清楚此测试的全部内容，并能按照要求进行测试。

（3）将受测者带到接地滚球测评场地准备，当受测者准备就绪后，进入接球区。

（4）发出“测试开始”口令后，站于受测者侧前方，对受测者的接球动作进行评判，对受测者接球的有效次数进行记录，共测试 10 次。

（5）测试结束后，测评员对受测者的测试成绩进行统计，并根据一级单个技能合格要求进行评判，确定受测者本项测试是否合格并记录在表中。

3 测试步骤

5.1.1.3 测试步骤

受测者测试步骤如下：

a） 进入测试区域，与本垒位置发球机相距 8 m 迎面站立，如图 1 所示；

b） 听到测试指令后开始测试；

c） 运用接地滚球技术，将球接住为成功，测试 10 次。

解读

受测者应在测试前明确接地滚球测试的具体要求，并严格按照上述步骤完成测试。每位受测者有 1 次测试机会。待测评员宣布测试结束后安全退场。

注意

由工作人员按下发球机开关并放入测评用球。受测者运用接地滚球技术将球接住为成功，用其他技术动作为失败；接球时不能踩、越标志线。

（二）单个技能——下手抛球

1 场地器材

5.1.2.1 场地器材

测评场地、器材按如下规定：

a） 场地：同 5.1.1.1a）；

b） 器材：

1） 软式棒垒球 10 个（ϕ＝85 mm；材质：聚氨酯 PU；质量：75 g±5 g）；

2） L 形双色垒包组 1 套（L 形双色垒包 3 片，尺寸：780 mm×780 mm×5 mm；白色本垒板 1 片，尺寸：430 mm×430 mm×5 mm）；

3） 打击网 1 个（尺寸：高 2 130 mm、宽 2 130 mm、深 1 000 mm）。

解读

下手抛球测评场地与接地滚球测评场地相同。在一垒垒包位置放置 1 个打击网，打击网高 2130 mm、宽 2130 mm、深 1000 mm。其他器材规格和材质要求如上所述。

2 测评员工作

5.1.2.2 测评员工作

测评工作应由 1 名测评员完成，其测评工作包括但不限于：

a） 测评员站立于受测者侧前方，如图 2 所示；

b） 记录成功击中打击网的次数。

单位为米

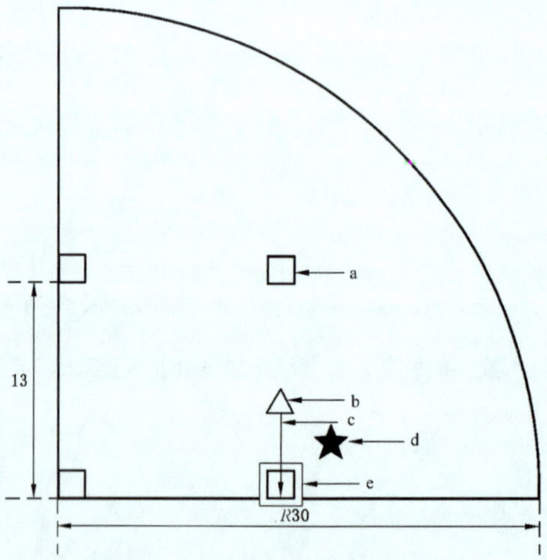

标引序号说明：

a ——垒包位置；

b ——受测者位置；

c ——传球路线；

d ——测评员位置；

e ——打击网位置。

图 2 下手抛球测试示意图

解读

下手抛球测评工作由 1 名测评员完成，测评员站位如图 2 所示。测评员具体任务与接地滚球测评员任务相同。

3 测试步骤

5.1.2.3 测试步骤

受测者测试步骤如下：

a) 进入测试区域，与打击网相距 5 m 迎面站立，如图 2 所示；

b) 听到测试指令后开始测试；

c) 运用下手抛球技术抛球，球的第一落点击中打击网为成功，测试 10 次。

解读

受测者应在测试前明确下手抛球测试的具体要求，并严格按照上述步骤完成测试。每位受测者有 1 次测试机会。待测评员宣布测试结束后安全退场。

注意

受测者运用下手抛球技术将球击中打击网为成功，用其他动作为失败；抛球时不能踩、越标志线。

（三）组合技能——接地滚球—下手抛球

1 场地器材

接地滚球—下手抛球测评场地是 1 块半径为 30 m 的直角扇形区域，扇形的顶角位置为本垒，沿逆时针方向的 3 个方形标记分别为一垒、二垒、三垒，垒包间距为 13 m。在本垒位置放置发球机，在一垒垒包位置放置打击网。

2 测评员工作

5.1.3.2 **测评员工作**

测评工作应由 1 名测评员完成，其测评工作包括但不限于：

a） 测评员站立于受测者侧前方，如图 3 所示；

b） 记录成功接球并击中打击网的次数。

单位为米

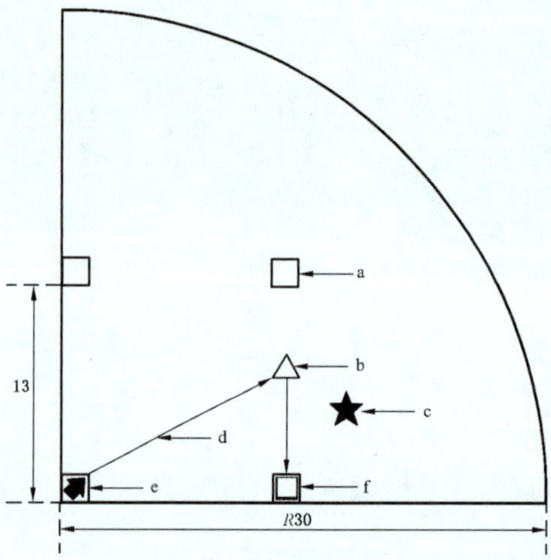

标引序号说明：

a——垒包位置；

b——受测者位置；

c——测评员位置；

d——传球路线；

e——发球机位置；

f——打击网位置。

图 3 接地滚球—下手抛球测试示意图

解读

接地滚球—下手抛球测评工作由 1 名测评员完成，测评员站位如图 3 所示。测评员在发出“测试开始”口令后，站于受测者侧前方，对受测者的接地滚球—下手抛球动作进行评判，对传向一垒打击网的有效次数进行记录，共测试 10 次。测试结束后，测评员对受测者的测试成绩进行统计，根据一级组合技能合格要求进行评判，确定受测者本项测试是否合格并记录在表中。

3 测试步骤

受测者应在测试前明确接地滚球—下手抛球测试的具体要求，运用接地滚球—下手抛球组合技能，接本垒位置发球机发出的地滚球后，将球抛向一垒位置的打击网，球的第一落点击中打击网为成功，测试 10 次。待测评员宣布测试结束后安全退场。

注 意

由工作人员按下发球机开关并放入测评用球，发球机发出球之前受测者不能移动；受测者必须运用接地滚球和正面下手抛球技术完成测试，用其他技术动作或动作错误为失败。

（四）软式棒垒球一级比赛

1 场地器材

5.1.4 软式棒垒球一级比赛

5.1.4.1 场地器材

测评场地、器材按如下规定：

a） 场地：同 5.1.1.1a)；

b） 器材：

1） 软式棒垒球 10 个（ϕ=85 mm；材质：聚氨酯 PU；质量：75 g±5 g）；

2） 球棒 2 根（材质：EVA 泡棉、ABS 树脂内管；尺寸：棒头 ϕ=60 mm±2 mm，棒把 ϕ=32 mm±2 mm，长度 700 mm；质量：280 g±20 g）；

3） 打击座 1 个（高度伸缩范围：550 mm～900 mm；质量：3.2 kg～3.4 kg；材质：橡胶）；

4） L 形双色垒包组 1 套（L 形双色垒包 3 片，尺寸：780 mm×780 mm×5 mm；白色本垒板 1 片，尺寸：430 mm×430 mm×5 mm）；

5） 号码服。

解 读

软式棒垒球一级比赛测评场地分为界内区和界外区。界内区域是 1 块半径为 30 m 的直角扇形，界外区域是扇形直角线外 5 m 的“L”形地区，其他区域为无效区。扇形的顶角位置为本垒，沿逆时针方向的 3 个方形标记分别为一垒、二垒、三垒，垒包间距为 13 m。扇形的弧线为本垒打线，本垒打距离为 30 m。返垒限制线距离三垒 5 m，垂直于三垒线，长度为 1.82 m。击球区位于本垒板两侧，是长

2.13 m、宽 0.91 m 的 2 个矩形。界内区域分为内场和外场，内场是由 4 个垒包围成的正方形区域，外场是除内场以外其他的界内区域。参与比赛的测试者应着号码服。

2 测评员工作

5.1.4.2 **测评员工作**

测评工作应由 3 名测评员完成，其测评工作包括但不限于：

a） 测评员站位如图 4 所示；

b） 1 号测评员组织受测者分组（男生组和女生组），通过随机抽签组成攻守两队，每队 9 人，进行比赛；并在本垒附近观测比赛，负责记录每局残垒、得分和 3 局总分；

c） 2 号测评员在一垒附近观测比赛，负责对所有受测者进行测评；

d） 3 号测评员在三垒附近观测比赛，负责对所有受测者进行测评。

单位为米

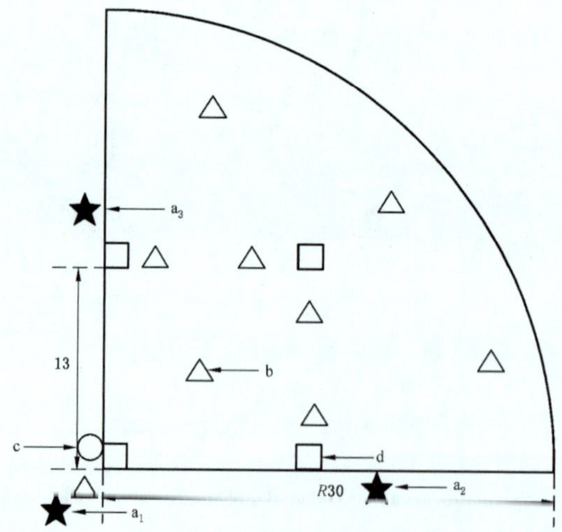

标引序号说明：

a_1、a_2、a_3——测评员位置；

b ——防守受测者位置；

c ——进攻受测者位置；

d ——垒包位置。

图 4 软式棒垒球一级比赛测试示意图

解读

软式棒垒球一级比赛测评工作由 3 名测评员完成，3 名测评员站位如图 4 所示。具体任务分工如下：

（1）1 号测评员：组织受测者有序进行测试，测试前先核对受测者的相关信息，确保信息无误，并让受测者按顺序站成一路纵队；向受测者讲解测试的方法、要求、注意事项等，使受测者清楚测试内容，并能按照要求进行比赛测试；将受测者带到软式棒垒球一级比赛测试场地进行准备，组织受测者分组（男生组和女生组）通过抽签组队（每队 9 人）并确定受测者的防守位置，当受测者准备就绪后，全部进入比赛场地；发出“比赛开始”口令后，站于本垒附近，组织受测者比赛并记录每局各队得分和三局总得分；对受测者的击球动作进行评判。

（2）2 号测评员：站于一垒附近观测比赛，对所有受测者的比赛竞技能力进行观测和评价。

（3）3 号测评员：站于三垒附近观测比赛，对所有受测者的比赛竞技能力进行观测和评价。

（4）测试结束后，2 号测评员和 3 号测评员对受测者的观测点成绩进行统计，1 号测评员对比赛双方的每局得分和总得分进行统计。3 名测评员根据一级比赛合格要求进行评判，确定受测者本项测试是否合格并记录在表中。

3 测试步骤

5.1.4.3 **测试步骤**

受测者测试步骤如下：

a） 分为两队，每队 9 人，进行软式棒垒球一级比赛（3 名裁判员参考《软式棒垒球》进行执裁）；

b） 听到测试指令后开始测试；

c） 进攻方 9 人按顺序击球，每人每局击球不超过 5 次，半局结束后双方交换攻守，共 3 局比赛。

解读

受测者应在测试前明确软式棒垒球一级比赛测试的具体要求，并严格按照上述步骤完成测试。每位受测者有 1 次测试机会。三局比赛结束后，等待测评员宣布比赛结果，然后双方致谢。

注意

比赛由3名裁判员执裁，受测者须遵守比赛规则，击球前应行鞠躬礼，击球后不能甩棒。

三、一级测评工具

软式棒垒球课程学生运动能力一级测评成绩记录与达标评判方法如下。

（一）成绩记录方法

1 单个技能——接地滚球

（1）1名测评员独立对每名受测者接地滚球完成情况进行评判并记录。

（2）受测者运用接地滚球技术动作成功接球≥7次为合格。

表2-1　接地滚球成绩记录表

序号	姓名	接地滚球（次）										合格评定
1	×××	√	√	√	√	√	√	√	√	√	√	√
2	×××	√	√	√	×	×	√	×	×	×	√	
3	×××	√	√	√	×	×	√	√	×	√	√	√
注：测试成绩有效，在表格相应位置打“√”，根据整体合格要求在表格相应位置打“√”												
测评员：			记录时间：　年　月　日									

2 单个技能——下手抛球

（1）1名测评员独立对每名受测者下手抛球完成情况进行评判并记录。

（2）受测者运用下手抛球技术动作成功传球≥7次为合格。

表 2-2 下手抛球成绩记录表

序号	姓名	下手抛球（次）										合格评定
1	×××	√	√	√	√	√	√	√	√	√	√	√
2	×××	√	√	×	×	√	√	×	×	√	√	
3	×××	√	√	√	×	√	√	√	×	×	√	√
注：测试成绩有效，在表格相应位置打“√”，根据整体合格要求在表格相应位置打“√”												
测评员：		记录时间： 年 月 日										

3 组合技能——接地滚球—下手抛球

（1）测评员对每名受测者接地滚球—下手抛球完成情况进行评判并记录。

（2）受测者运用接地滚球—下手抛球组合技能成功接传≥ 7 次为合格。

表 2-3 接地滚球—下手抛球成绩记录表

序号	姓名	接地滚球—下手抛球（次）										合格评定
1	×××	√	√	×	×	√	√	×	√	×	√	
2	×××	√	√	√	√	√	√	√	×	×	√	√
3	×××	√	√	√	√	√	√	√	√	√	√	√
注：测试成绩有效，在表格相应位置打“√”，根据整体合格要求在表格相应位置打“√”												
测评员：		记录时间： 年 月 日										

4 软式棒垒球一级比赛

（1）1 号测评员组织比赛，将每局比赛先进攻队和先防守队的得分及相应积分填在表格相应位置，最后汇总两队总得分，确定双方的最终积分。根据软式棒垒球一级比赛得分的合格要求进行评判，确定两队本项测试是否合格并记录在表中。如表 2-4 所示。

（2）2 号和 3 号测评员对所有受测者的持棒、击球、上垒、站位、接球、传球 6 个观测点进行观测，如受测者达到合格要求，在表格中相对应的观测点打“√”。如表 2-5 所示。

（3）3 名测评员均判定达到要求为合格。

表 2-4　一级比赛计分记录表

<table>
<tr><th rowspan="2">比赛双方</th><th colspan="2">第一局</th><th colspan="2">第二局</th><th colspan="2">第三局</th><th colspan="2">总分</th><th rowspan="2">总积分</th><th rowspan="2">合格评定</th></tr>
<tr><th>得分</th><th>积分</th><th>得分</th><th>积分</th><th>得分</th><th>积分</th><th>得分</th><th>积分</th></tr>
<tr><td>先进攻队</td><td></td><td></td><td></td><td></td><td></td><td></td><td></td><td></td><td></td><td></td></tr>
<tr><td>先防守队</td><td></td><td></td><td></td><td></td><td></td><td></td><td></td><td></td><td></td><td></td></tr>
<tr><td colspan="11">注：1 号测评员根据两队得分进行评定，达到合格要求在表格相应位置打“√”</td></tr>
<tr><td colspan="5">测评员：</td><td colspan="6">记录时间：　　年　　月　　日</td></tr>
</table>

表 2-5　一级比赛观测点记录表

<table>
<tr><th rowspan="2">序号</th><th rowspan="2">姓名</th><th rowspan="2">性别</th><th colspan="3">进攻</th><th colspan="3">防守</th><th rowspan="2">合格评定</th></tr>
<tr><th>持棒</th><th>击球</th><th>上垒</th><th>站位</th><th>接球</th><th>传球</th></tr>
<tr><td>1</td><td>×××</td><td></td><td></td><td></td><td></td><td></td><td></td><td></td><td></td></tr>
<tr><td>2</td><td>×××</td><td></td><td></td><td></td><td></td><td></td><td></td><td></td><td></td></tr>
<tr><td>3</td><td>×××</td><td></td><td></td><td></td><td></td><td></td><td></td><td></td><td></td></tr>
<tr><td></td><td></td><td></td><td></td><td></td><td></td><td></td><td></td><td></td><td></td></tr>
<tr><td colspan="10">注：此表一式两份，2 号、3 号测评员各一份，受测者在比赛中出现观测点并达到合格要求，在表格相应位置打里画“√”</td></tr>
<tr><td colspan="5">测评员：</td><td colspan="5">记录时间：　　年　　月　　日</td></tr>
</table>

（二）达标评判方法

1. 测评员对每名受测者一级 4 项测评内容合格情况进行评判并记录。

2. 4 项测评内容均合格为达标。

表 2-6　一级测评达标记录表

<table>
<tr><td rowspan="3">序号</td><td rowspan="3">姓名</td><td rowspan="3">性别</td><td colspan="5">测评内容合格情况</td><td rowspan="3">达标情况</td></tr>
<tr><td colspan="2">单个技能</td><td>组合技能</td><td colspan="2">比赛</td></tr>
<tr><td>接地滚球</td><td>下手抛球</td><td>接地滚球—下手抛球</td><td>观测点</td><td>得分</td></tr>
<tr><td>1</td><td>× × ×</td><td></td><td></td><td></td><td></td><td></td><td></td><td></td></tr>
<tr><td>2</td><td>× × ×</td><td></td><td></td><td></td><td></td><td></td><td></td><td></td></tr>
<tr><td>3</td><td>× × ×</td><td></td><td></td><td></td><td></td><td></td><td></td><td></td></tr>
<tr><td></td><td></td><td></td><td></td><td></td><td></td><td></td><td></td><td></td></tr>
<tr><td colspan="9">注：将各项测评内容合格情况进行汇总，根据整体合格要求在表格“达标情况”相应位置打“√”</td></tr>
<tr><td colspan="4">测评员：</td><td colspan="5">记录时间：　　年　　月　　日</td></tr>
</table>

四、一级测评操作视频

一级测评操作视频

第三章 软式棒垒球课程学生运动能力二级测评

一、二级达标要求

4.2.2 二级达标要求

4.2.2.1 二级技能应符合表 3 的要求。

表 3 二级技能要求

测评内容		合格要求
单个技能	肩上传球	≥7 次
	击打固定球	≥8 次
组合技能	接地滚球—肩上传球	男≥7 次
		女≥6 次

4.2.2.2 二级比赛应符合表 4 的要求。

表 4 二级比赛要求

测评内容	观测点[b]	合格要求[c]	
软式棒垒球二级比赛[a] 进行 3 局，总分获胜队每人加 2 分，平局每队每人加 1 分，每一局比赛中获胜队每人加 2 分，防守队零封对手，每人加 2 分，累计加分	持棒	持棒、挥棒动作正确	个人总分≥3 分
	击球	进攻队员将固定球击到比赛场地内并穿越内场的有效球	
	上垒	进攻队员击打固定球后跑垒并安全上一垒	
	站位	防守队员站位准确，防守姿势正确	
	接球	防守队员将进攻队员击出的地滚球或队友传来的腾空球接住	
	传球	防守队员将球传向队友	

[a] 比赛规则参考《软式棒垒球》。
[b] 内场手 4 个及以上观测点、外场手 3 个及以上观测点应达到合格要求。
[c] 3 名测评员均判定达到要求为合格。

4.2.2.3 二级应符合表 3 和表 4 的要求。

解读

1 肩上传球（以右手传球为例）

受测者侧向站立，左肩对准传球目标，两脚开立与肩同宽，双膝微屈，脚尖向前，两眼正视传球目标，右手持球引臂，肘高于肩，左臂侧平举，屈臂约成 90°，小臂与传球方向成 90°；右脚掌发力蹬地，转髋转体；前臂顺势屈臂收向腰侧，持球手随着转体屈臂翻腕，掌心向上，向前摆臂，按照大臂、小臂、手腕、手指的用力顺序将球传向目标。（图 3–1）

图 3–1　肩上传球（以右手传球为例）

2 击打固定球（以右打为例）

受测者两脚开立与肩同宽，左脚脚尖与打击座中柱对齐，双膝微屈，重心稍稍向后平移，置于支撑腿（右腿）大腿内侧；肩部向右平转，髋部内收，膝盖内扣；转体的幅度不宜过大，以保证两眼能够盯住球，球棒举到右肩偏后方向，下巴接近左

图 3–2　击打固定球（以右打为例）

肩；转髋转体，用身体的旋转带动手臂发力，左手拉右手推，以最短的距离将球击出，强调击中球。击球后，进入随挥动作，自然翻腕，将球棒收于左肩后方。（图 3–2）。

3 接地滚球—肩上传球（以右手传球为例）

受测者正对来球，两脚分开宽于肩，左脚在前，右脚略靠后，重心降低，上身前倾，屈膝，大腿和小腿约成 90°；两眼盯球，双手前伸，传球手置于接球手上方，准备保护；当球进入接球手后，双手握球收向腹部，接稳来球后右脚向前跨步，重心前移；左脚上步落地的同时，左肩对准传球目标侧向站立，两脚开立与肩同宽，双膝微屈，脚尖向前，两眼正视传球目标，右手持球引臂，肘高于肩，左臂侧平屈臂约成 90°，小臂与传球方向成 90°，右脚掌发力蹬地，转髋转体；前臂顺势屈臂收向腰侧，持球手随着转体屈臂翻腕，掌心向上，向前摆臂，按照大臂、小臂、手腕、手指的用力顺序将球传向目标。（图 3–3）

图 3–3　接地滚球—肩上传球（以右手传球为例）

4 持棒

持棒、挥棒动作正确。两手握棒顺序正确，挥棒有预摆、击球、随摆 3 个动作。

5 击球

进攻队员将固定球击到比赛场地内并穿越内场的有效球。球被接住前落点在外场。

6 上垒

进攻队员击打固定球后跑垒并安全上一垒。击球后必须成功上一垒。

7 站位

防守队员站位准确，防守姿势正确。场上有投手、本垒、一垒、二垒、三垒、游击、左外、中外、右外九大防守位置，每位防守队员要明确自己的防守区域，当击球员进入击球区后，降低重心注视来球，随时准备移动进行防守。

8 接球

防守队员将进攻队员击出的地滚球或队友传来的腾空球接住。

9 传球

防守队员将球传向队友。向队友进行传球，必须是腾空球。

二、二级测评方法

软式棒垒球二级测评包括 2 项单个技能测评、1 项组合技能测评、1 项比赛测评。

（一）单个技能——肩上传球

1 场地器材

5.2.1.1　场地器材

测评场地、器材按如下规定：

a）　场地：一块半径为 40 m 的直角扇形，垒间距为 15 m；

b）　器材：同 5.1.2.1b）。

解读

肩上传球测评场地是1块半径为40 m的直角扇形区域，扇形的顶角位置为本垒，沿逆时针方向的3个方形标记分别为一垒、二垒、三垒，垒包间距为15 m。在一垒位置放置1个打击网，打击网高2130 mm、宽2130 mm、深1000 mm。各类器材规格和材质要求与下手抛球测评所需器材的规格和材质要求相同。

2 测评员工作

5.2.1.2 **测评员工作**

测评工作应由1名测评员完成，其测评工作包括但不限于：

a） 测评员站立于受测者侧前方，如图5所示；

b） 记录成功击中打击网的次数。

单位为米

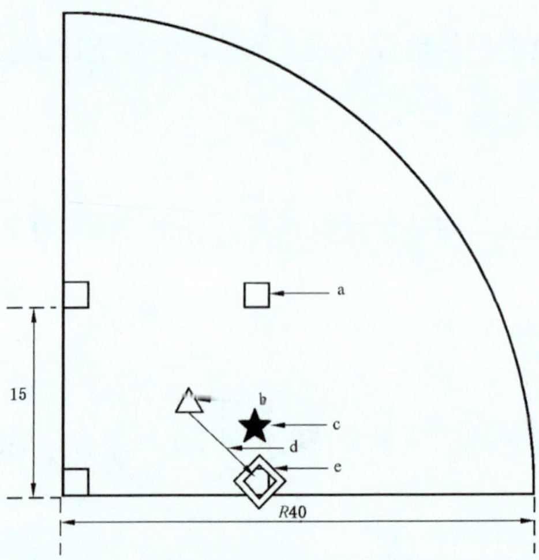

标引序号说明：

a ——垒包位置；

b ——受测者位置；

c ——测评员位置；

d ——传球路线；

e ——打击网位置。

图5 肩上传球测试示意图

解读

肩上传球测评工作由1名测评员完成，测评员站位如图5所示。具体任务如下：

（1）组织受测者有序进行测试，测试前先核对受测者的相关信息，确保信息无误，并让受测者按顺序站成一路纵队。

（2）向受测者讲解测试的方法、要求、注意事项等，使受测者清楚测试内容，并能按照要求进行测试。

（3）将受测者带到肩上传球测评场地进行准备。

（4）发出“测试开始”口令后，站于受测者侧前方，对受测者的传球动作进行评判，对受测者传球的有效次数进行记录，共测试 10 次。

（5）测试结束后，测评员对受测者的测试成绩进行统计，根据二级单个技能要求进行评判，确定受测者本项测试是否合格并记录在表中。

3 测试步骤

5.2.1.3 测试步骤

受测者测试步骤如下：

a) 进入测试区域，与打击网相距 10 m（女生为 8 m）迎面站立，如图 5 所示；

b) 听到测试指令后开始测试；

c) 运用肩上传球技术传球，球的第一落点击中打击网为成功，测试 10 次。

解读

受测者应在测试前明确肩上传球测试的具体要求，并严格按照上述步骤完成测试。每位受测者有 1 次测试机会。待测评员宣布测试结束后安全退场。

注意

传球前不能踩、越标志线。

（二）单个技能——击打固定球

1 场地器材

5.2.2.1 场地器材

测评场地、器材按如下规定：

a）场地：同 5.2.1.1a）；

b）器材：

1）软式棒垒球 10 个（ϕ＝85 mm；材质：聚氨酯 PU；质量：75 g±5 g）；

2）球棒 2 根（材质：EVA 泡棉、ABS 树脂内管；尺寸：棒头 ϕ＝60 mm±2 mm，棒把 ϕ＝32 mm±2 mm，长度 700 mm；质量：280 g±20 g）；

3）打击座 1 个（高度伸缩范围：550 mm～900 mm；质量：3.2 kg～3.4 kg；材质：橡胶）；

4）L 形双色垒包组 1 套（L 形双色垒包 3 片，尺寸：780 mm×780 mm×5 mm；白色本垒板 1 片，尺寸：430 mm×430 mm×5 mm）。

解读

击打固定球测评场地与肩上传球测评场地相同，扇形的弧线为本垒打线，本垒打距离为 40 m。击球区位于本垒板两侧，是长 2.13 m，宽 0.91 m 的 2 个矩形。各类器材的规格和材质要求如上所述。

2 测评员工作

5.2.2.2 测评员工作

测评工作应由 1 名测评员完成，其测评工作包括但不限于：

a）测评员站立于受测者侧前方，如图 6 所示；

b）记录成功击中球的次数。

单位为米

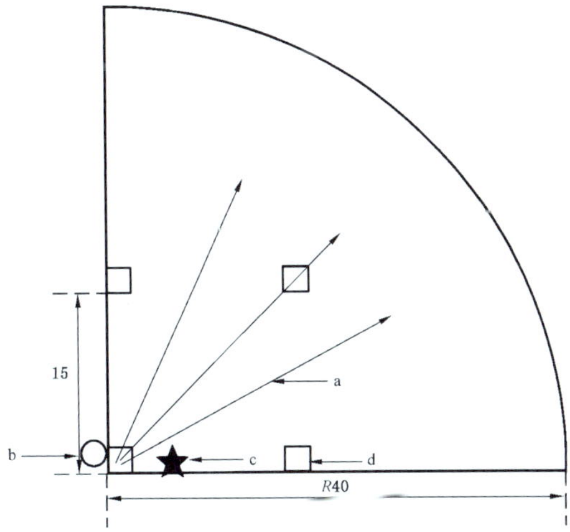

标引序号说明：
a——击球路线；
b——受测者位置；
c——测评员位置；
d——垒包位置。

图 6 击打固定球测试示意图

解读

击打固定球测评工作由 1 名测评员完成，测评员站位如图 6 所示。测评员具体任务与肩上传球测评员任务相同。

3 测试步骤

5.2.2.3 测试步骤

受测者测试步骤如下：

a) 进入击球区，如图 6 所示(以右打为例)；

b) 听到测试指令后开始测试；

c) 运用击打固定球技术击球，将打击座上的球击到比赛场地内为成功，测试 10 次。

解读

受测者应在测试前明确击打固定球测试的具体要求，并严格按照上述步骤完成测试。每位受测者有 1 次测试机会。待测评员宣布测试结束后安全退场。

注 意

受测者运用击打固定球技术将球击中打击网为成功，用其他动作为失败；击球时不能踩线、出击球区，击球后不能甩棒。

（三）组合技能——接地滚球—肩上传球

1 场地器材

接地滚球—肩上传球测评场地与肩上传球测评场地相同。在本垒位置放置发球机，在一垒位置放置打击网。各类器材的规格和材质要求与一级组合技能接地滚球—下手抛球测评所需器材的规格和材质相同。

2 测评员工作

5.2.3.2 **测评员工作**

测评工作应由 1 名测评员完成，其测评工作包括但不限于：

a） 测评员站立于受测者侧前方，如图 7 所示；

b） 记录成功接球并击中打击网的次数。

单位为米

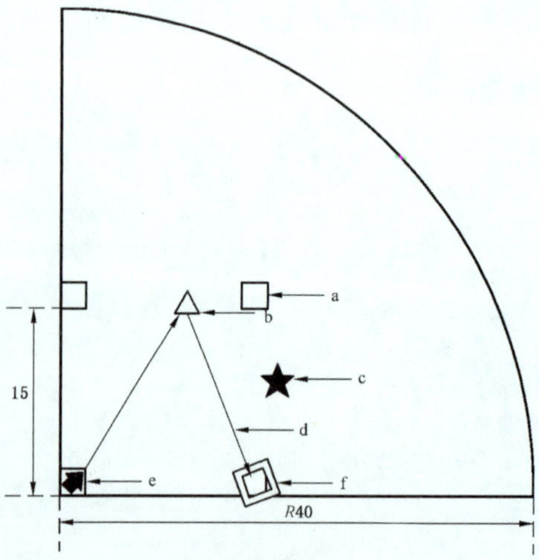

标引序号说明：

a——垒包位置；

b——受测者位置；

c——测评员位置；

d——传球路线；

e——发球机位置；

f——打击网位置。

图 7 接地滚球—肩上传球测试示意图

解读

接地滚球—肩上传球测评工作由 1 名测评员完成，测评员站位如图 7 所示。测评员在发出“测试开始”口令后，站于受测者侧前方，对受测者的接地滚球—肩上传球动作进行评判，对传向打击网的有效次数进行记录，共测试 10 次。测试结束后，测评员对受测者的测试成绩进行统计，根据二级组合技能合格要求进行评判，确定受测者本项测试是否合格并记录在表中。

3 测试步骤

受测者应在测试前明确接地滚球—肩上传球测试的具体要求，运用接地滚球—肩上传球组合技能，接本垒位置发球机发出的地滚球后将球传向 10 m 外的打击网，球的第一落点击中打击网为成功，测试 10 次。待测评员宣布测试结束后安全退场。

注意

由工作人员按下抛球机开关并放入测评用球，发球机发出球之前受测者不能移动；受测者必须运用接地滚球和肩上传球技术完成测试，用其他技术动作或动作错误为失败。

（四）软式棒垒球二级比赛

1 场地器材

软式棒垒球二级比赛测评场地分为界内区和界外区。界内区域是 1 块半径为 40 m 的直角扇形区域，界外区域是扇形直角线外 5 m 的“L”形地区，其他区域为无效区。扇形的顶角位置为本垒，沿逆时针方向的 3 个方形标记分别为一垒、二垒、三垒，垒包间距为 15 m。扇形的弧线为本垒打线，本垒打距离为 40 m。返垒限制线距离三垒 5 m，垂直于三垒线，长度 1.82 m。击球区位于本垒板两侧，是长 2.13 m、宽 0.91 m 的 2 个矩形。界内区域分为内场和外场，内场是由 4 个垒包围成的正方形区域，外场是除内场以外其他的界内区域。参与比赛的测试者应着号码服。

2 测评员工作

5.2.4.2 **测评员工作**

测评工作应由 3 名测评员完成，其测评工作包括但不限于：

a） 测评员站位如图 8 所示；

b） 1 号测评员组织受测者分组（男生组和女生组），通过随机抽签组成攻守两队，每队 9 人，进行比赛；并在本垒附近观测比赛，负责记录每局残垒、得分和 3 局总分；

c） 2 号测评员在一垒附近观测比赛，负责对所有受测者进行测评；

d） 3 号测评员在三垒附近观测比赛，负责对所有受测者进行测评。

单位为米

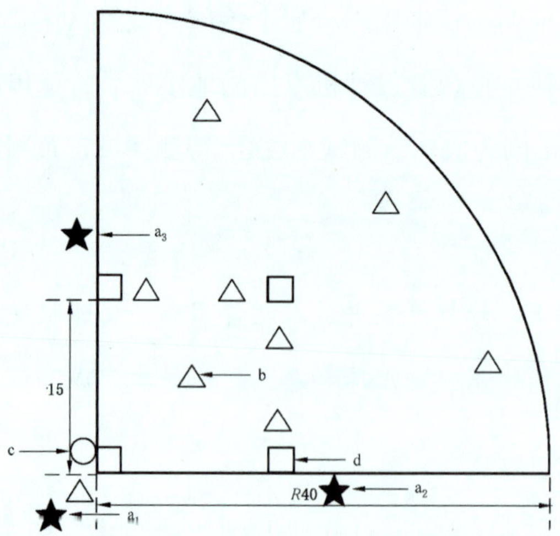

标引序号说明：

a_1、a_2、a_3——测评员位置；

b ——防守受测者位置；

c ——进攻受测者位置；

d ——垒包位置。

图 8 软式棒垒球二级比赛测试示意图

解读

软式棒垒球二级比赛测评工作由 3 名测评员完成，3 名测评员站位如图 8 所示。具体任务分工与一级比赛测评的 3 名测评员分工相同。见第 20 ~ 21 页。

3 测试步骤

5.2.4.3 **测试步骤**

受测者测试步骤如下：
a） 分为两队，每队 9 人，进行软式棒垒球二级比赛（3 名裁判员参考《软式棒垒球》进行执裁）；
b） 听到测试指令后开始测试；
c） 进攻方 9 人按顺序击球，半局结束后双方交换攻守，共 3 局比赛。

解读

受测者应在测试前明确软式棒垒球二级比赛测试的具体要求，并严格按照上述步骤完成测试。每位受测者有 1 次测试机会。三局比赛结束后，等待测评员宣布比赛结果，然后双方致谢。

注 意

比赛由 3 名裁判员执裁，受测者须遵守比赛规则，击球前应行鞠躬礼，击球后不能甩棒。

三、二级测评工具

软式棒垒球课程学生运动能力二级测评成绩记录与达标评判方法如下。

（一）成绩记录方法

1 单个技能——肩上传球

（1）1 名测评员独立对每名受测者肩上传球完成情况进行评判并记录。

（2）受测者运用肩上传球技术动作成功传球 ≥ 7 次为合格。

表 3-1　肩上传球成绩记录表

序号	姓名	肩上传球（次）										合格评定
1	×××	√	√	√	×	√	√	√	√	√	√	√
2	×××	√	√	√	√	×	×	√	×	√	√	√
3	×××	√	√	√	×	×	√	√	×	×	√	
注：测试成绩有效，在表格相应位置打“√”，根据整体合格要求在表格相应位置打“√”												
测评员：				记录时间：　年　月　日								

2 单个技能——击打固定球

（1）1 名测评员独立对每名受测者击打固定球完成情况进行评判并记录。

（2）受测者运用击打固定球技术动作成功击球≥ 8 次为合格。

表 3-2　击打固定球成绩记录表

序号	姓名	击打固定球（次）										合格评定
1	×××	√	√	√	×	√	√	√	√	√	√	√
2	×××	√	√	√	√	√	√	√	√	√	√	√
3	×××	√	√	×	√	√	×	√	√	√	√	√
注：测试成绩有效，在表格相应位置打“√”，根据整体合格要求在表格相应位置打“√”												
测评员：				记录时间：　年　月　日								

3 组合技能——接地滚球—肩上传球

（1）测评员对每名受测者接地滚球—肩上传球完成情况进行评判并记录。

（2）受测者运用接地滚球—肩上传球组合技能成功接传男生≥ 7 次，女生≥ 6 次为合格。

表 3-3 接地滚球—肩上传球成绩记录表

序号	姓名	性别	接地滚球—肩上传球（次）										合格评定
1	×××	男	√	√	√	√	×	×	√	√	√	√	√
2	×××	女	√	√	√	√	×	√	√	×	√	√	√
3	×××	男	√	√	√	√	×	×	√	√	√	√	√
注：测试成绩有效，在表格相应位置打“√”，根据整体合格要求在表格相应位置打“√”													
测评员：					记录时间： 年 月 日								

4 软式棒垒球二级比赛

软式棒垒球二级比赛成绩记录方法及 3 名测评员具体分工与一级比赛相同。其中，1 号测评员采用表 3-4，2 号和 3 号测评员采用表 3-5 记录成绩。

表 3-4 二级比赛计分记录表

比赛双方	第一局		第二局		第三局		总分		总积分	合格评定
	得分	积分	得分	积分	得分	积分	得分	积分		
先进攻队										
先防守队										
注：1 号测评员根据两队得分进行评定，达到合格要求在表格相应位置打“√”										
测评员：					记录时间： 年 月 日					

表 3-5 二级比赛观测点记录表

序号	姓名	性别	进攻			防守			合格评定
			持棒	击球	上垒	站位	接球	传球	
1	×××								
2	×××								
3	×××								
注：此表一式两份，2 号、3 号测评员各一份，受测者在比赛中出现观测点并达到合格要求，在表格相应位置打“√”									
测评员：				记录时间： 年 月 日					

（二）达标评判方法

1. 测评员对每名受测者二级 4 项测评内容合格情况进行评判并记录。

2. 4 项测评内容均合格为达标。

表 3-6　二级测评达标记录表

<table>
<tr><th rowspan="3">序号</th><th rowspan="3">姓名</th><th rowspan="3">性别</th><th colspan="5">测评内容合格情况</th><th rowspan="3">达标情况</th></tr>
<tr><th colspan="2">单个技能</th><th>组合技能</th><th colspan="2">比赛</th></tr>
<tr><th>肩上传球</th><th>击打固定球</th><th>接地滚球—肩上传球</th><th>观测点</th><th>得分</th></tr>
<tr><td>1</td><td>×××</td><td></td><td></td><td></td><td></td><td></td><td></td><td></td></tr>
<tr><td>2</td><td>×××</td><td></td><td></td><td></td><td></td><td></td><td></td><td></td></tr>
<tr><td>3</td><td>×××</td><td></td><td></td><td></td><td></td><td></td><td></td><td></td></tr>
<tr><td></td><td></td><td></td><td></td><td></td><td></td><td></td><td></td><td></td></tr>
<tr><td colspan="9">注：将各项测评内容合格情况进行汇总，根据整体合格要求在表格“达标情况”相应位置打“√”</td></tr>
<tr><td colspan="4">测评员：</td><td colspan="5">记录时间：　　年　　月　　日</td></tr>
</table>

四、二级测评操作视频

二级测评操作视频

第四章 软式棒垒球课程学生运动能力三级测评

一、三级达标要求

4.2.3 三级达标要求

4.2.3.1 三级技能应符合表 5 的要求。

表 5 三级技能要求

测评内容		合格要求
单个技能	击打固定球	男≥25 m
		女≥15 m
	接高飞球	男≥7 次
		女≥5 次
组合技能	击打固定球—一垒跑	男≤6 s
		女≤6.5 s

4.2.3.2 三级比赛应符合表 6 的要求。

表 6 三级比赛要求

测评内容	观测点[b]	合格要求[c]	
软式棒垒球三级比赛[a] 进行 3 局，总分获胜队每人加 2 分，平局每队每人加 1 分，每一局比赛中获胜队每人加 2 分，防守队零封对手，每人加 2 分，累计加分	持棒	挥棒动作连贯、有速度	个人总分≥3 分
	击球	进攻队员直接将固定球击到比赛场地内的外场有效球	
	上垒	进攻队员击打固定球后安全上二垒或通过队友击球安全上二垒	
	站位	防守队员的防守姿势正确，根据进攻队员击球方向准确站位	
	接球	防守队员将进攻队员击出的有效球或队友传来的腾空球接住	
	传球	防守队员将球传到队友的接球范围内	

[a] 比赛规则参考《软式棒垒球》。
[b] 内场手 4 个及以上观测点、外场手 3 个及以上观测点应达到合格要求。
[c] 3 名测评员均判定达到要求为合格。

4.2.3.3 三级应符合表 5 和表 6 的要求。

解读

1 击打固定球（以右打为例）

击打固定球的技术动作要求与二级相同，并在二级基础上，强调远度。

2 接高飞球

受测者两脚左右开立，两膝微屈，两眼注视来球并判断来球方向，快速移动到位，接球手同侧脚上步，双手自然放于头上方，手套上举，双手接到球后向身体中部回收，缓冲，注意对球的保护，准备衔接传球动作。（图 4–1）

图 4–1　接高飞球

3 击打固定球—二垒跑（以右打为例）

受测者两脚开立与肩同宽，左脚脚尖与打击座中柱对齐，双膝微屈，重心稍向后平移，置于支撑腿（右腿）大腿内侧；肩部向右平转，髋部内收，膝关节内扣；转体的幅度不宜过大，以保证两眼能够盯住球，球棒举到右肩偏后方向，下巴接近左肩；转髋转体，用身体的旋转带动手臂发力，左手拉右手推，以最短的距离将球击出。击球后，自然进入随挥动作，翻腕，将球棒收于左肩后方。迅速放下手中球棒，快速起跑，跑垒过程中不减速，不回头，采用“P”字形跑垒方式，至少一只脚停到二垒垒包上。（图 4–2）

4 持棒

挥棒动作连贯、有速度。预摆时眼睛盯球，全力挥棒击球，击球后随摆。

图 4-2　击打固定球—二垒跑（以右打为例）

5 击球

进攻队员直接将固定球击到比赛场地内的外场有效球。球的第一落点至少应在外场，无论是否被接杀都有效。

6 上垒

进攻队员击打固定球后安全上二垒或通过队友击球安全上二垒。无论是一次还是多次，只要成功上二垒即视为上垒成功。

7 站位

防守队员的防守姿势正确，根据进攻队员击球方向准确站位。场上有投手、本垒、一垒、二垒、三垒、游击、左外、中外、右外九大防守位置，每位防守队员要明确自己的防守区域，并能够根据击球员的站位和击打方向准确移动。

8 接球

防守队员将进攻队员击出的有效球或队友传来的腾空球接住。

9 传球

防守队员将球传到队友的接球范围内（手臂伸直为半径的圆内）。

二、三级测评方法

软式棒垒球三级测评包括 2 项单个技能测评、1 项组合技能测评、1 项比赛测评。

（一）单个技能——击打固定球

1 场地器材

5.3.1.1 场地器材

测评场地、器材按如下规定：

a) 场地：一块半径为 50 m 的直角扇形，垒间距为 15 m；

b) 器材：

1) 软式棒垒球 10 个（ϕ=81 mm；材质：聚氨酯 PU；质量：120 g±5 g）；

2) 球棒 2 根（尺寸：棒头 ϕ=53 mm±2 mm，棒把 ϕ=25 mm±2 mm，长度 760 mm±3 mm；质量：540 g±15 g；材质：聚氨酯 PU、玻璃纤维内管）；

3) 打击座 1 个（高度伸缩范围：550 mm～900 mm；质量：3.2 kg～3.4 kg；材质：橡胶）；

4) L 形双色垒包组 1 套（L 形双色垒包 3 片，尺寸：780 mm×780 mm×5 mm；白色本垒板 1 片，尺寸：430 mm×430 mm×5 mm）；

5) 皮尺 1 个。

解读

击打固定球测评场地是 1 块半径为 50 m 的直角扇形区域，扇形的顶角位置为本垒，沿逆时针方向的 3 个方形标记分别为一垒、二垒、三垒，垒包间距为 15 m。扇形的弧线为本垒打线，本垒打距离为 50 m。击球区位于本垒板两侧，是长 2.13 m，宽 0.91 m 的 2 个矩形。各类器材的规格和材质要求如上所述。

2 测评员工作

5.3.1.2 测评员工作

测评工作应由 2 名测评员完成，其测评工作包括但不限于：

a） 测评员站位如图 9 所示；

b） 1 号测评员在本垒附近，负责记录是否踩线、出击球区、甩棒；

c） 2 号测评员站于外场，记录球的第一落点，取 3 次测试的最远成绩。

单位为米

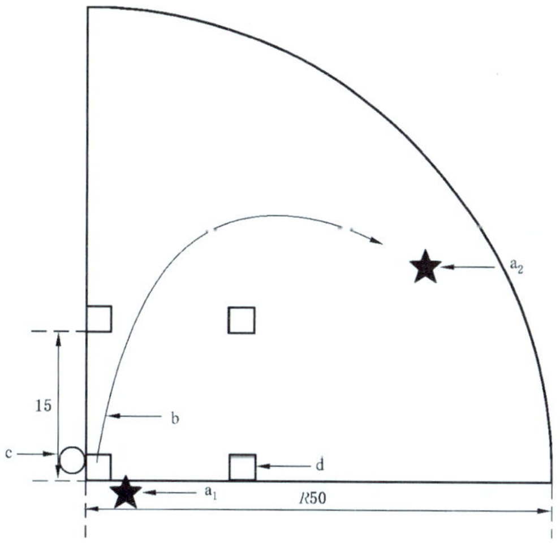

标引序号说明：

a_1、a_2——测评员位置；

b ——击球路线；

c ——受测者位置；

d ——垒包位置。

图 9 击打固定球测试示意图

解读

击打固定球测评工作由 2 名测评员完成，2 名测评员站位如图 9 所示。测评员具体分工如下：

（1）1 号测评员：组织受测者有序进行测试，测试前先核对受测者的相关信息，确保信息无误，并让受测者按顺序站成一路纵队；向受测者讲解测试的方法、要求、注意事项等，使受测者明确测试内容，并能按照要求进行测试；将受测者带到击打固定球测评场地进行准备，当受测者准备就绪后，进入击球区。发出“测试开始”口令后，站于本垒附近，负责记录受测者是否踩线、出击球区、甩棒。

（2）2号测评员：站于外场，记录受测者击出球的第一落点，共记录3次测试成绩，取最远成绩。

测试结束后，1号和2号测评员一起对受测者的测试成绩进行统计，根据三级单个技能合格要求进行评判，确定受测者本项测试是否合格并记录在表中。

3 测试步骤

5.2.2.3　测试步骤

受测者测试步骤如下：

a）进入击球区，如图6所示（以右打为例）；

b）听到测试指令后开始测试；

c）运用击打固定球技术击球，将打击座上的球击到比赛场地内为成功，测试10次。

解读

受测者应在测试前明确击打固定球测试的具体要求，并严格按照上述步骤完成测试。每位受测者有1次测试机会。待1号测评员宣布测试结束后安全退场。

注 意

击球时不能踩线、出击球区，击球后不能甩棒。

（二）单个技能——接高飞球

1 场地器材

接高飞球测评场地与击打固定球测评场地相同，在本垒位置放置1个发球机，在外场画1个半径为5 m的圆，圆心距离本垒25 m。软式棒垒球和L型双色垒包的规格和材质要求与击打固定球测评所需器材的规格和材质要求相同，增加软式棒垒球手套2个（尺寸为266 mm ~ 330 mm）、发球机1台（发球机球速为11.11 m/s ~ 13.89 m/s）。

2 测评员工作

5.3.2.2 测评员工作

测评工作应由 1 名测评员完成，其测评工作包括但不限于：

a） 测评员站立于受测者侧前方，如图 10 所示；

b） 记录成功接球的次数。

单位为米

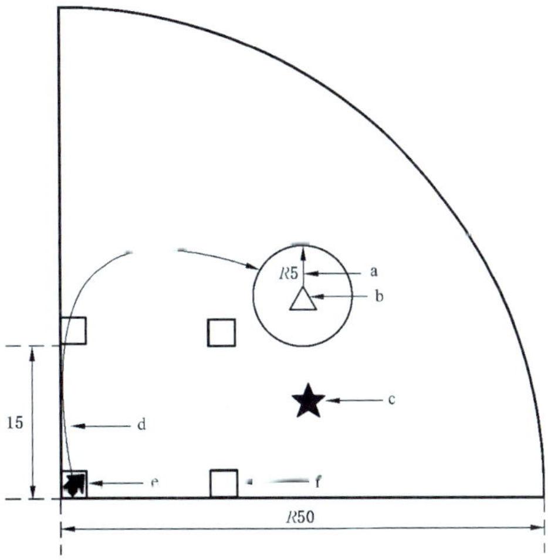

标引序号说明：

a ——圆半径；

b ——受测者位置；

c ——测评员位置；

d ——传球路线；

e ——发球机位置；

f ——垒包位置。

图 10 接高飞球测试示意图

解读

接高飞球测评工作由 1 名测评员完成，测评员站位如图 10 所示。测评员具体任务与接地滚球测评员任务相同。

3 测试步骤

5.3.2.3 测试步骤

受测者测试步骤如下：

a） 进入半径为 5 m 的圆内，圆心与本垒位置发球机相距 25 m，迎面站立，如图 10 所示；

b） 听到测试指令后开始测试；

c） 运用接高飞球技术接球，在球落地前将球接住为成功，测试 10 次。

解读

受测者应在测试前明确接高飞球测试的具体要求，并严格按照上述步骤完成测试。每位受测者有 1 次测试机会。待测评员宣布测试结束后安全退场。

注意

由工作人员按下发球机开关并放入测评用球，发球机发球后，受测者根据情况在圆内移动接球，若球未发到圆内需重发。

（三）组合技能——击打固定球—二垒跑

1 场地器材

击打固定球—二垒跑测评场地与击打固定球测评场地相同。各类器材的规格和材质要求与击打固定球测评所需器材的规格和材质相同，不需要皮尺，另增加秒表 1 块。

2 测评员工作

5.3.3.2 测评员工作

测评工作应由 2 名测评员完成，其测评工作包括但不限于：

a） 测评员站位如图 11 所示；

b） 1 号测评员在本垒附近，负责记录击球时是否踩线、出击球区、甩棒，跑垒时是否漏踏垒包；

c） 2 号测评员在二垒附近，负责记录击球后二垒跑的时间。

单位为米

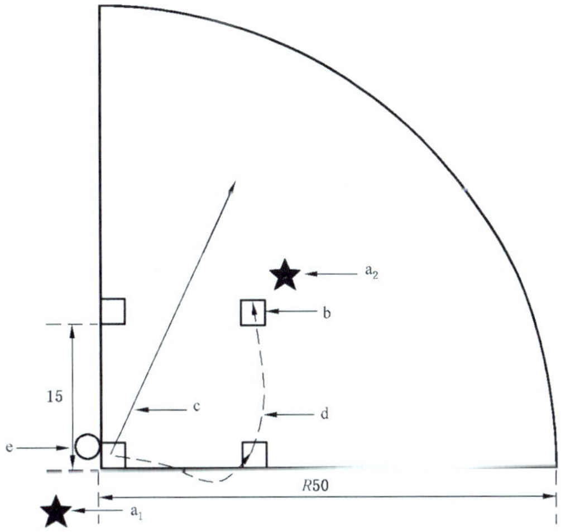

标引序号说明：

a_1、a_2——测评员位置；

b ——垒包位置；

c ——击球路线；

d ——跑动路线；

e ——受测者位置。

图 11 击打固定球—二垒跑测试示意图

解读

击打固定球—二垒跑测评工作由 2 名测评员完成，2 名测评员站位如图 11 所示。具体分工如下：

（1）1 号测评员：组织受测者有序进行测试，测试前先核对受测者的相关信息，确保信息无误，并让受测者按顺序站成一路纵队；向受测者讲解测试的方法、要求、注意事项等，使受测者明确测试内容，并能按照要求进行测试；将受测者带到击打固定球—二垒跑测试场地进行准备，当受测者准备就绪后，进入击球区；发出“测试开始”口令后，站于本垒附近，负责记录受测者击球时是否踩线、出击球区、甩棒，跑垒时是否漏踏垒包。

（2）2 号测评员：站于二垒附近，负责记录受测者击球后二垒跑的时间。

测试结束后，1 号和 2 号测评员一起对受测者的测试成绩进行统计，根据三级组合技能合格要求进行评判，确定受测者本项测试是否合格并记录在表中。

3 测试步骤

5.3.3.3 **测试步骤**

受测者测试步骤如下：

a) 进入击球区，如图 11 所示（以右打为例）；

b) 听到测试指令后开始测试；

c) 运用击打固定球—二垒跑组合技能，击出有效球后，跑垒开始计时，测试 3 次。

解读

受测者应在测试前明确击打固定球—二垒跑测试具体要求，并严格按照上述步骤完成测试。每位受测者有 1 次测试机会。待 1 号测评员宣布测试结束后安全退场。

注意

击球时不能踩线、出击球区，击球后不能甩棒；跑垒时不漏踏垒包。

（四）软式棒垒球三级比赛

1 场地器材

软式棒垒球三级比赛测评场地分为界内区和界外区。界内区域是 1 块半径为 50 m 的直角扇形区域，界外区域是扇形直角线外 5 m 的“L”形地区，其他区域为无效区。扇形的顶角位置为本垒，沿逆时针方向的 3 个方形标记分别为一垒、二垒、三垒，垒包间距为 15 m。扇形的弧线为本垒打线，本垒打距离为 50 m。返垒限制线距离三垒 5 m，垂直于三垒线，长度 1.82 m。击球区位于本垒板两侧，是长 2.13 m、宽 0.91 m 的 2 个矩形。界内区域分为内场和外场，内场是由 4 个垒包围成的正方形区域，外场是除内场以外其他的界内区域。各类器材的规格和材质要求与击打固定球测评所需器材的规格和材质要求相同，另增加软式棒垒球手套 9 个（尺寸为 266 mm ~ 330 mm），参与比赛的测试者应着号码服。

2 测评员工作

5.3.4.2 **测评员工作**

测评工作应由 3 名测评员完成，其测评工作包括但不限于：

a) 测评员站位如图 12 所示；

b) 1 号测评员组织受测者分组（男生组和女生组），通过随机抽签组成攻守两队，每队 9 人，进行比赛；并在本垒附近观测比赛，负责记录每局残垒、得分和 3 局总分；

c) 2 号测评员在一垒附近观测比赛，负责对所有受测者进行测评；

d) 3 号测评员在三垒附近观测比赛，负责对所有受测者进行测评。

单位为米

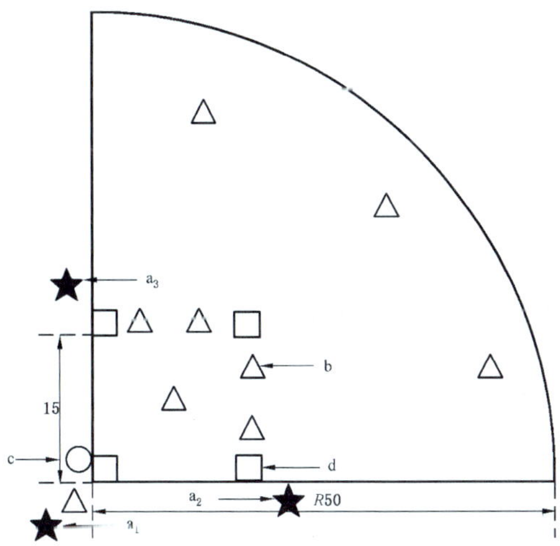

标引序号说明：

a_1、a_2、a_3——测评员位置；

b ——防守受测者位置；

c ——进攻受测者位置；

d ——垒包位置。

图 12 软式棒垒球三级比赛测试示意图

解读

软式棒垒球三级比赛测评工作由 3 名测评员完成，3 名测评员站位如图 12 所示。具体分工与一级比赛测评的 3 名测评员分工相同。见第 20 ~ 21 页。

3 测试步骤

受测者应在测试前明确软式棒垒球三级比赛测试的具体要求，三级比赛测试步骤与二级比赛测试步骤相同。每位受测者有 1 次测试机会。三局比赛结束后，等待测评员宣布比赛结果，然后双方致谢。

注意

比赛由 3 名裁判员执裁，受测者须遵守比赛规则，击球后不能甩棒。

三、三级测评工具

软式棒垒球课程学生运动能力三级测评成绩记录与达标评判方法如下。

（一）成绩记录方法

1 击打固定球

（1）1 号测评员对每名受测者击打固定球犯规情况进行评判并记录，2 号测评员对每名受测者击打固定球远度情况进行评判并记录。

（2）击球远度男生≥ 25 m，女生≥ 15 m 为合格。

表 4-1　击打固定球成绩记录表

序号	姓名	性别	有无犯规	击打固定球（m）			合格评定
1	×××	男	无	30	28	26	√
2	×××	女	无	18	15	16	√
3	×××	男	无	24	26	27	
注：此表一式两份，1 号、2 号测评员各一份，测试结束后 2 号测评员进行汇总，根据整体合格要求在表格相应位置打“√”							
测评员：			记录时间：　年　月　日				

2 接高飞球

（1）1 名测评员独立对每名受测者接高飞球完成情况进行评判并记录。

（2）受测者采用接高飞球技术动作成功接球男生≥ 7 次，女生≥ 5 次为合格。

表 4-2　接高飞球成绩记录表

序号	姓名	性别	接高飞球（次）										合格评定
1	×××	男	√	√	×	√	√	√	√	√	√	√	√
2	×××	女	√	√	√	×	×	√	×	√	√	√	√
3	×××	女	√	×	×	√	×	×	√	×	√	√	√
注：测试成绩有效，在表格相应位置打“√”，根据整体合格要求在表格相应位置打“√”													
测评员：				记录时间：　年　月　日									

3 击打固定球—二垒跑

（1）测评员对每名受测者击打固定球—二垒跑完成情况进行评判并记录。

（2）受测者采用击打固定球—二垒跑组合技能每次接传男生用时≤ 6 s，女生用时≤ 6.5 s 为合格。

表 4-3　击打固定球—二垒跑成绩记录表

序号	姓名	性别	击打固定球—二垒跑（s）			合格评定
1	×××	男	5	5.3	5.8	√
2	×××	女	6.2	6.7	6.5	
3	×××	男	6	6.7	6.5	
注．测试成绩有效，在表格相应位置填写秒数，根据整体合格要求在表格相应位置打“√”						
测评员：			记录时间：　年　月　日			

4 软式棒垒球三级比赛

软式棒垒球三级比赛成绩记录方法及 3 名测试员具体分工与一级比赛相同。其中，1 号测评员采用表 4-4，2 号和 3 号测评员采用表 4-5 记录成绩。

表 4-4　三级比赛计分记录表

比赛双方	第一局		第二局		第三局		总分		总积分	合格评定
	得分	积分	得分	积分	得分	积分	得分	积分		
先进攻队										
先防守队										
注：1 号测评员根据两队得分进行评定，达到合格要求在表格相应位置打“√”										
测评员：					记录时间：　年　月　日					

表 4-5　三级比赛观测点记录表

序号	姓名	性别	进攻			防守			合格评定
			持棒	击球	上垒	站位	接球	传球	
1	×××								
2	×××								
3	×××								
注：此表一式两份，2 号、3 号测评员各一份，受测者在比赛中出现观测点并达到合格要求，在表格相应位置打“√”									
测评员：						记录时间：　年　月　日			

（二）达标评判方法

1. 测评员对每名受测者三级 4 项测评内容合格情况进行评判并记录。

2. 4 项测评内容均合格为达标。

表 4-6　三级测评达标记录表

序号	姓名	性别	测评内容合格情况					达标情况
			单个技能		组合技能	比赛		
			击打固定球	接高飞球	击打固定球—二垒跑	观测点	得分	
1	×××							
2	×××							
3	×××							
注：将各项测评内容合格情况进行汇总，根据整体合格要求在表格“达标情况”相应位置打“√”								
测评员：				记录时间：　年　月　日				

四、三级测评操作视频

三级测评操作视频

第五章

软式棒垒球课程学生运动能力四级测评

一、四级达标要求

4.2.4 四级达标要求

4.2.4.1 四级技能应符合表 7 的要求。

表 7 四级技能要求

<table>
<tr><th colspan="2">测评内容</th><th>合格要求</th></tr>
<tr><td rowspan="3">单个技能</td><td>击打移动球</td><td>≥7 次</td></tr>
<tr><td rowspan="2">掷远</td><td>男≥30 m</td></tr>
<tr><td>女≥18 m</td></tr>
<tr><td rowspan="2">组合技能</td><td rowspan="2">击打移动球—全垒跑</td><td>男≤14 s</td></tr>
<tr><td>女≤15 s</td></tr>
</table>

4.2.4.2 四级比赛符合表 8 的要求。

表 8 四级比赛要求

<table>
<tr><th>测评内容</th><th>观测点[b]</th><th colspan="2">合格要求[c]</th></tr>
<tr><td rowspan="8">慢投垒球四级比赛[a]
进行 3 局，总分获胜队每人加 2 分，平局每队每人加 1 分，每一局比赛中获胜队每人加 2 分，防守队零封对手，每人加 2 分，累计加分</td><td>击球</td><td>进攻队员将投手掷出的移动球击到比赛场地内的有效球</td><td rowspan="8">个人总分≥4 分</td></tr>
<tr><td>上垒</td><td>进攻队员击打移动球后跑垒并踏一垒垒包</td></tr>
<tr><td>跑位</td><td>防守队员在进攻队员击球后跑位或补位准确</td></tr>
<tr><td>接球</td><td>防守队员将进攻队员击出的有效球或队友传来的腾空球接住</td></tr>
<tr><td>传球</td><td>防守队员将球直接传到队友的接球范围内</td></tr>
<tr><td>接杀</td><td>防守队员直接将进攻队员击出的腾空球接住</td></tr>
<tr><td>封杀</td><td>防守队员自己或与队友完成封杀</td></tr>
<tr><td>触杀</td><td>防守队员自己或与队友完成触杀</td></tr>
<tr><td colspan="4">[a] 比赛参考《球类运动》。
[b] 内场手 4 个及以上观测点、外场手 3 个及以上观测点应达到合格要求。
[c] 3 名测评员均判定达到要求为合格。</td></tr>
</table>

4.2.4.3 四级应符合表 7 和表 8 的要求。

解读

1 击打移动球（以右打为例）

受测者身体左侧正对击球方向，两脚分开与肩同宽，双膝微屈；将球棒举到右肩偏后方向，头转向左侧，两眼紧盯抛球机，下巴靠近左肩，重心落在右腿上。当抛球机将球发出时，左脚向前上步，支撑脚脚掌蹬转发力，转髋转体的同时，两臂下沉，右侧大臂紧贴身体跟着旋转；击球瞬间，右脚脚尖与击球方向一致，挥棒轨迹为斜向上 45°，强调击中球。击球后，随着身体的转动，自然进入随挥动作，自然翻腕，将球棒收于左肩后方。（图 5–1）

图 5–1　击打移动球（以右打为例）

2 掷远（以右手传球为例）

受测者左肩对准传球目标站立，两脚分开与肩同宽，双膝微屈，脚尖向前。两眼正视传球目标，单手持球（另一手护球）置于腹前，身体重心移置后脚，右脚向前成交叉步，左脚上步的同时，两手分开，自然下垂，经腹前向身体两侧伸展，自然放松抬起，掌心向下。运用肩上传球技术，蹬地，转髋转体，快速甩大臂，大臂带动小臂，最后用手指将球拨出，出手角度约为斜向下 45°。（图 5-2）

图 5-2　掷远（以右手传球为例）

3 击打移动球—全垒跑（以右打为例）

受测者身体左侧正对击球方向，两脚分开与肩同宽，双膝微屈；将球棒举到右肩偏后方向，头转向左侧，两眼紧盯抛球机，下巴接近左肩，重心落在右腿上。当抛球机将球发出时，左脚向前上步，支撑脚脚掌蹬转发力，转髋转体的同时，两臂下沉，右侧大臂紧贴身体跟着旋转；击球瞬间，右脚脚尖与击球方向一致，挥棒轨迹为斜向上 45°；击球后，随着身体的转动，自然进入随挥动作，自然翻腕，将球棒收于左肩后方。然后迅速放下手中球棒，快速起跑，跑垒过程中不减速，不回头，依次踩一垒、二垒、三垒，最后冲回本垒。

4 击球

进攻队员将投手掷出的移动球击到比赛场地内的有效球。球被接住前，进入比赛场地内的球为有效球。

5 上垒

进攻队员击打移动球后跑垒并踏一垒垒包。无论是否被杀出局，全力跑上一垒。

6 跑位

防守队员在进攻队员击球后跑位或补位准确。防守队员根据进攻队员的击球方向迅速跑位协防，防止队友漏接球而补位，具备补防意识。

7 接球

防守队员将进攻队员击出的有效球或队友传来的腾空球接住。防守队员将进攻队员击出的高飞球、平直球、地滚球、反弹球和队友传来的平直球、高飞球接住。

8 传球

防守队员将球直接传到队友的接球范围内。防守队员将平直球传到以队友接球手臂为半径的圆内。

9 接杀

防守队员将进攻队员击出的腾空球接住。

10 封杀

防守队员自己接球踩垒或与队友传接配合将 球封杀。

11 触杀

防守队员自己接球触及进攻队员或与队友传接配合进行触杀。

二、四级测评方法

软式棒垒球四级测评包括 2 项单个技能测评、1 项组合技能测评、1 项比赛测评。

（一）单个技能——击打移动球

1 场地器材

5.4.1.1 场地器材

测评场地、器材按如下规定：

a） 场地：一块半径为 67 m 的直角扇形，垒间距为 18 m；

b） 器材：

1） 软式慢投垒球 10 个（ϕ=88 mm；材质：二椰皮＋PU；质量：170 g±5 g）；

2） 球棒 2 根（尺寸：787 mm～864 mm；质量：538 g～681 g；材质：金属合金）；

3） 棒垒球垒包组 1 套（尺寸：380 mm×380 mm×76 mm；白色垒包 3 块、橘色垒包 1 块；质量：5 kg/片）；

4） 本垒板（带钉）1 块（尺寸：430 mm×430 mm×25 mm；质量：2.3 kg；材质：橡胶）；

5） 好球板 1 块（尺寸：950 mm×650 mm×5 mm；质量：4.8 kg；材质：橡胶）；

6） 抛球机 1 台（抛球高度不低于 1.5 m）。

解 读

击打移动球测评场地是 1 块半径为 67 m 的直角扇形区域，扇形的顶角位置为本垒，沿逆时针方向的 3 个方形标记分别为一垒、二垒、三垒，垒包间距为 18 m。扇形的弧线为本垒打线，本垒打距离为 67 m。击球区位于本垒板两侧，是长 2.13 m、宽 0.91 m 的 2 个矩形。在本垒垒包位置放置抛球机。各类器材规格和材质要求如上所述。

2 测评员工作

5.4.1.2 测评员工作

测评工作应由 1 名测评员完成，其测评工作包括但不限于：

a） 测评员站立于受测者侧前方，如图 13 所示；

b） 记录成功击中球的次数。

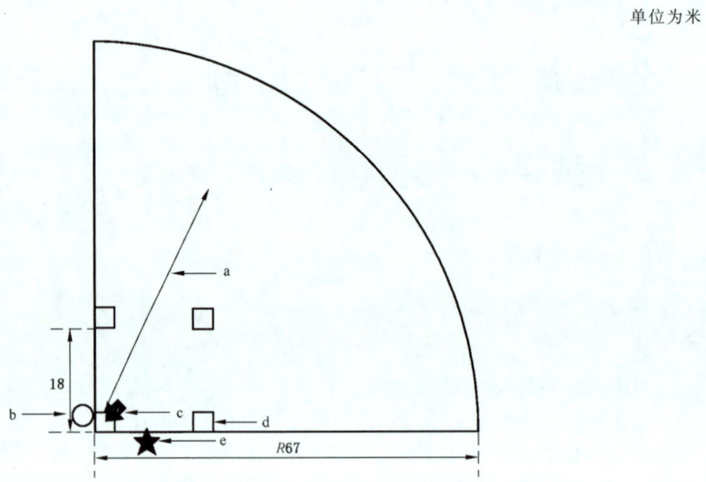

标引序号说明：

a——击球路线；

b——受测者位置；

c——抛球机位置；

d——垒包位置；

e——测评员位置。

图 13　击打移动球测试示意图

解读

击打移动球测评工作由 1 名测评员完成，测评员站位如图 13 所示。具体任务如下：

（1）组织受测者有序进行测试工作，测试前先核对受测者的相关信息，确保信息无误，让受测者按顺序站成一路纵队。

（2）向受测者讲解测试的方法、要求、注意事项等，使受测者明确此测试的全部内容，并能按照要求进行测试。

（3）将受测者带到击打移动球测评场地进行准备，当受测者准备就绪后，进入击球区。

（4）发出“测试开始”口令后，站于本垒附近，记录受测者成功击中球的次数。

（5）测试结束后，测评员对受测者测试成绩进行统计，根据四级单个技能合格要求进行评判，确定受测者本项测试是否合格并记录在表中。

3 测试步骤

5.4.1.3 **测试步骤**

受测者测试步骤如下：

a） 进入击球区，如图 13 所示（以右打为例）；

b） 听到测试指令后开始测试；

c） 运用击打移动球技术击球，将本垒正前方 1 m 处抛球机发出的腾空球击到比赛场地界内为成功，测试 10 次。

解读

受测者应在测试前明确击打移动球测试的具体要求，并严格按照上述步骤完成测试。每位受测者有 1 次测试机会。待测评员宣布测试结束后安全退场。

注意

由工作人员按下抛球机开关并放置测评用球，受测者击球时不能踩线、出击球区，击球后不甩棒。

（二）单个技能——掷远

1 场地器材

软式棒垒球掷远测评场地与击打移动球测评场地相同。场地端线画间距为 10 m 的两条平行线。软式慢投垒球、棒垒球垒包组、本垒板和球板的规格和材质要求与击打移动球测评所需器材的规格和材质相同，另增加慢投手套 2 个（尺寸为 266 mm ～ 330 mm）和皮尺 1 个。

2 测评员工作

5.4.2.2 **测评员工作**

测评工作应由 2 名测评员完成，其测评工作包括但不限于：

a） 测评员站位如图 14 所示；

b） 1 号测评员在受测者侧前方，负责记录是否踩线、越线、球出界；

c） 2 号测评员在区域远端，记录球的第一落点，取 3 次测试的最远成绩。

单位为米

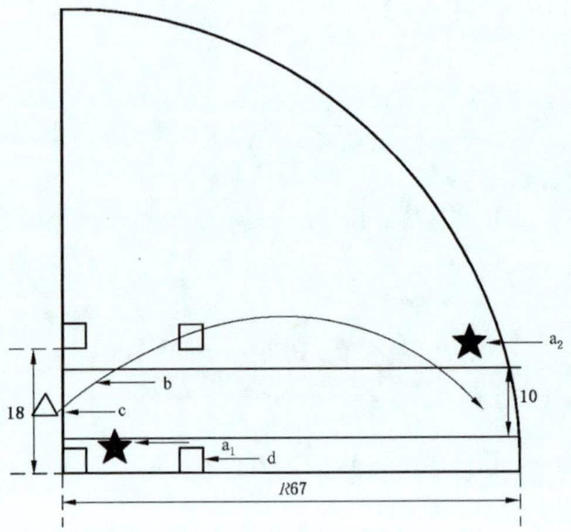

标引序号说明：

a_1、a_2——测评员位置；

b ——传球路线；

c ——受测者位置；

d ——垒包位置。

图 14 掷远测试示意图

解读

软式棒垒球掷远测评工作由 2 名测评员完成，2 名测评员站位如 14 图所示。具体分工如下：

（1）1 号测评员：组织受测者有序进行测试工作，测试前先核对受测者的相关信息，确保信息无误，并让受测者按顺序站成一路纵队；向受测者讲解测试的方法、要求、注意事项等，使受测者明确此测试的全部内容，并能按照要求进行测试；将受测者带到掷远测评场地进行准备，当受测者准备就绪后，进入测试区；发出"测试开始"口令后，站于一垒附近，记录受测者是否踩线、踩线、越线、击球出界。

（2）2 号测评员：站于区域远端，记录受测者球的第一落点，取 3 次测试的最远成绩。

测试结束后，1 号和 2 号测评员一起对受测者的测试成绩进行统计，根据四级单个技能合格要求进行评判，确定受测者本项测试是否合格并记录在表中。

3 测试步骤

5.4.2.3 **测试步骤**

受测者测试步骤如下：

a) 进入测试区域，站于三垒、本垒之间端线外，如图 14 所示；

b) 听到测试指令后开始测试；

c) 运用肩上传球技术将球掷出，球的第一落点在宽度为 10 m 的区域内有效，测试 3 次。

解读

受测者应在测试前明确掷远测试的具体要求，并严格按照上述步骤完成测试。每位受测者有 1 次测试机会。待测评员宣布测试结束后安全退场。

注 意

受测者助跑时及掷球后均不能踩线、越线。

（三）组合技能——击打移动球—全垒跑

1 场地器材

击打移动球—全垒跑测评场地与击打移动球测评场地相同。扇形的弧线为本垒打线，本垒打距离为 67 m。击球区位于本垒板两侧，是长 2.13 m、宽 0.91 m 的 2 个矩形。在本垒位置放置抛球机。各类器材规格和材质要求与击打移动球所需器材的规格和材质相同，另增加秒表 1 块。

2 测评员工作

5.4.3.2 **测评员工作**

测评工作应由 1 名测评员完成，其测评工作包括但不限于：

a) 测评员站位如图 15 所示；

b) 测评员在本垒附近，负责记录击球时是否踩线、出击球区、甩棒，跑垒时是否漏踏垒包，并记录击球后全垒跑的时间。

单位为米

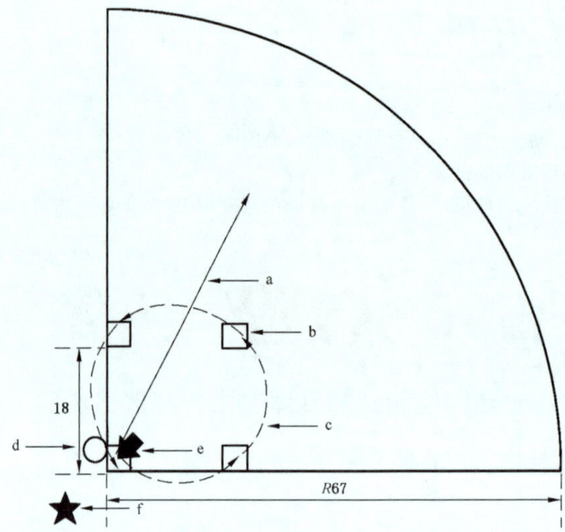

标引序号说明：

a——击球路线；

b——垒包位置；

c——跑动路线；

d——受测者位置；

e——发球机位置；

f——测评员位置。

图 15　击打移动球—全垒跑测试示意图

解读

击打移动球—全垒跑测评工作由 1 名测评员完成，测评员站位如图 15 所示。具体任务如下：

（1）组织受测者有序进行测试，测试前先核对受测者的相关信息，确保信息无误，并让受测者按顺序站成一路纵队，每一路纵队 10 人。

（2）向受测者讲解测试的方法、要求、注意事项等，使受测者明确此测试的全部内容，并能按照要求进行测试。

（3）将受测者带到击打移动球—全垒跑测评场地进行准备，发出“测试开始”口令后，站于本垒附近，记录受测者是否踩线、出击球区、甩棒等，并记录击球后全垒跑的时间。

测试结束后，测评员对受测者测试成绩进行统计，根据四级组合技能合格要求进行评判，确定受测者本项测试是否合格并记录在表中。

3 测试步骤

5.4.3.3 **测试步骤**

受测者测试步骤如下：
a） 进入击球区，如图 15 所示(以右打为例)；
b） 听到测试指令后开始测试；
c） 运用击打移动球—全垒跑组合技能，击出有效球后，跑垒开始计时，测试 3 次。

解读

受测者应在测试前明确击打移动球—全垒跑测试的具体要求，并严格按照上述步骤完成测试。每位受测者有 1 次测试机会。待测评员宣布测试结束后安全退场。

注 意

由工作人员按下抛球机开关并放置测评用球，受测者击球时不能踩线、出击球区，击球后不甩棒；跑垒时不漏踏垒包。

(四) 慢投垒球四级比赛

1 场地器材

5.4.4.1 **场地器材**

测评场地、器材按如下规定：
a） 场地：见 5.4.1.1a)；
b） 器材：
1） 软式慢投垒球 10 个(ϕ=88 mm；材质：二椰皮+PU；质量：170 g±5 g)；
2） 慢投手套 10 个(尺寸：266 mm～330 mm)；
3） 球棒 2 根(尺寸：787 mm～864 mm；质量：538 g～681 g；材质：金属合金)；
4） 棒垒球垒包组 1 套(尺寸：380 mm×380 mm×76 mm；白色垒包 3 块、橘色垒包 1 块；质量：5 kg/片)；
5） 本垒板(带钉)1 块(尺寸：430 mm×430 mm×25 mm；质量：2.3 kg；材质：橡胶)；
6） 好球板 1 块(尺寸：950 mm×650 mm×5 mm；质量：4.8 kg；材质：橡胶)；
7） 打击头盔 5 个(规格：JR52 cm～56 cm、SR56 cm～60 cm；材质：ABS 树脂、EVA 泡棉)；
8） 号码服。

解读

慢投垒球四级比赛测评场地分为界内区和界外区。界内区域是 1 块半径为 67 m 的直角扇形区域，界外区域是扇形直角线外 5 m 的“L”形地区，其他区域为无效区。扇形的顶角位置为本垒，沿逆时针方向的 3 个方形标记分别为一垒、二垒、三垒，垒包间距为 18 m。扇形的弧线为本垒打线，本垒打距离为 67 m。在本垒与二垒的延长线上距离本垒 12 m 处设置投手投球区。返垒限制线距离本垒顶点 5 m，垂直于三垒边线，长度约 1.82 m。击球区位于本垒板两侧，是长 2.13 m、宽 0.91 m 的 2 个矩形。界内区域分为内场和外场，内场是由 4 个垒包围成的正方形区域，外场是除内场以外其他的界内区域。各类器材的规格和材质与击打移动球测评所需器材规格和材质要求相同，另增加慢投手套 10 个（尺寸为 266 mm ~ 330 mm）、打击头盔 5 个（规格为 JR52 cm ~ 56 cm、SR56 cm ~ 60 cm；材质为 ABB 树脂、EVA 泡棉）。参与比赛的测试者应着号码服。

2 测评员工作

5.4.4.2 测评员工作

测评工作应由 3 名测评员完成，其测评工作包括但不限于：

a） 测评员站位如图 16 所示；

b） 1 号测评员组织受测者分组(男生组和女生组)，通过随机抽签组成攻守两队，每队 10 人，进行比赛；并在本垒附近观测比赛，负责记录每局得分和 3 局总分；

c） 2 号测评员在一垒附近观测比赛，负责对所有受测者进行测评；

d） 3 号测评员在三垒附近观测比赛，负责对所有受测者进行测评。

单位为米

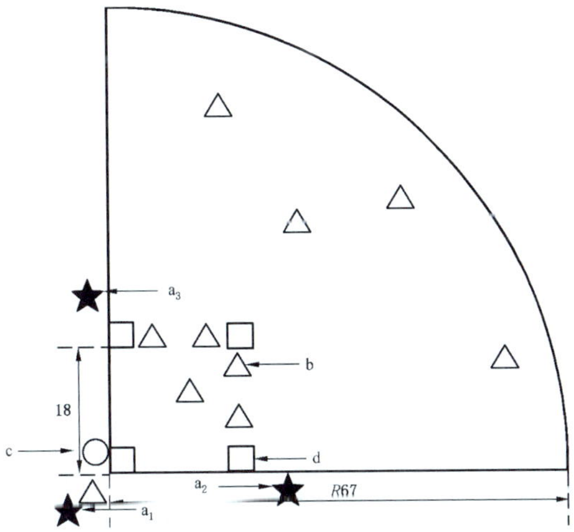

标引序号说明：

a_1、a_2、a_3——测评员位置；

b——防守受测者位置；

c——进攻受测者位置；

d——垒包位置。

图 16　慢投垒球四级比赛测试示意图

解读

慢投垒球四级比赛测评工作由 3 名测评员完成，3 名测评员站位如图 16 所示。具体分工如下：

（1）1 号测评员：组织受测者有序进行测试，测试前先核对受测者的相关信息，确保信息无误，并让受测者按顺序站成一路纵队；向受测者讲解测试的方法、要求、注意事项等，使受测者清楚此测试的全部内容，并能按照要求进行比赛；将受测者带到慢投垒球比赛场地进行准备，组织受测者分组（男生组和女生组），然后抽签组队（每队 10 人）并确定受测者的防守位置，当受测者准备就绪后，全部进入比赛场地；发出“比赛开始”口令后，站于本垒附近，组织受测者比赛，并记录每局两队得分和三局总得分；对受测者的击球动作是否违规进行评判。

（2）2 号测评员：站于一垒附近观测比赛，对所有受测者的比赛竞技能力进行观测和评价。

（3）3 号测评员：站于三垒附近观测比赛，对所有受测者的比赛竞技能力进行观测和评价。

测试结束后，2 号和 3 号测评员对受测者的观测点成绩进行统计，1 号测评员对比赛双方的每局得分和总分进行统计，3 名测评员根据四级比赛要求进行评判，确定受测者本项测试是否合格并记录在表中。

3 测试步骤

5.4.4.3 测试步骤

受测者测试步骤如下：

a） 分为两队，每队 10 人，进行慢投垒球四级比赛[3 名裁判员参考《球类运动——乒乓球、手球、垒球、羽毛球》(第三版)进行执裁]；

b） 听到测试指令后开始测试；

c） 进攻方 10 人按顺序击球，3 人出局后，双方交换攻守，共进行 3 局。

解读

受测者应在测试前明确慢投垒球四级比赛测试的具体要求，并严格按照以下步骤完成测试。每位受测者有 1 次测试机会。

（1）通过抽签组队确定场上防守位置，攻守双方相互致意，防守方受测者进入比赛场地。

（2）进攻方受测者向测评员行鞠躬礼，进入击球区，准备开始比赛。

（3）听到“比赛开始”指令后，开始测试。

（4）攻防双方运用各种技战术进行比赛，进攻方 3 人出局后双方交换攻防。

（5）三局比赛结束后，等待测评员宣布比赛结果，然后双方致谢。

注意

比赛由 3 名裁判员执裁，受测者须遵守比赛规则，击球后不能甩棒等。

三、四级测评工具

软式棒垒球课程学生运动能力四级测评成绩记录与达标评判方法如下。

（一）成绩记录方法

1 击打移动球

（1）1 名测评员独立对每名受测者击打移动球完成情况进行评判并记录。

（2）受测者采用击打移动球技术成功击球≥ 7 次为合格。

表 5–1　击打移动球成绩记录表

序号	姓名	击打移动球（次）										合格评定
1	×××	√	√	√	√	√	√	√	√	√	√	√
2	×××	√	×	×	√	√	×	√	×	√	√	
3	×××	√	√	×	×	√	×	√	√	√	√	√
注：测试成绩有效，在表格相应位置打“√”，根据整体合格要求在表格相应位置打“√”												
测评员：		记录时间：　年　月　日										

2 掷远

（1）2 名测评员独立对每名受测者掷远完成情况进行评判并记录。

（2）受测者采用掷远技术，男生≥ 30 m，女生≥ 18 m 为合格。

表 5–2　掷远成绩记录表

序号	姓名	性别	有无犯规	掷远（m）			合格评定
1	×××	男	无	32	30	35	√
2	×××	女	无	18	18	19	√
3	×××	男	无	28	30	32	
注：此表一式两份，1 号、2 号测评员各一份，测试结束后，2 号测评员进行汇总，并根据整体合格要求在表格相应位置打“√”							
测评员：				记录时间：　年　月　日			

3 击打移动球—全垒跑

（1）测评员对每名受测者击打移动球—全垒跑完成情况进行评判并记录。

（2）受测者采用击打移动球—全垒跑组合技能进行接传，男生用时≤ 14 s，女生用时≤ 15 s 为合格。

表 5–3　击打移动球—全垒跑成绩记录表

序号	姓名	性别	击打移动球—全垒跑（s）			合格评定
1	×××	男	12	14	15	
2	×××	女	15	14	15	√
3	×××	女	15	16	13	
注：测试成绩有效，在表格相应位置填写测试用时，根据整体合格要求在表格相应位置打“√”						
测评员：			记录时间：　年　月　日			

4 慢投垒球四级比赛

（1）1 号测评员组织比赛，将每局比赛得分情况及相应积分填在对应的表格中，最后将总得分进行汇总，确定双方的最终积分。1 号测评员根据慢投垒球四级比赛得分的合格要求进行评判，确定该项测试是否合格并记录在表中。如表 5–4 所示。

（2）2 号和 3 号测评员分别对所有受测者的击球、上垒、跑位、接球、传球、接杀、封杀、触杀 8 个观测点进行观测，如受测者达到合格要求，在表格中相对应的观测点打“√”。如表 5–5 所示。

（3）3 名测评员均判定达到要求为合格。

表 5–4　四级比赛计分记录表

比赛双方	第一局		第二局		第三局		总分		总积分	合格评定
	得分	积分	得分	积分	得分	积分	得分	积分		
先进攻队										
先防守队										
注：1 号测评员根据得分进行评定，达到合格要求在表格相应位置打“√”										
测评员：					记录时间：　年　月　日					

表 5-5　四级比赛观测点记录表

序号	姓名	性别	进攻		防守						合格评定
			击球	上垒	跑位	接球	传球	接杀	封杀	触杀	
1	×××										
2	×××										
3	×××										
注：此表一式两份，2 号、3 号测评员各一份，受测者在比赛中出现观测点并达到合格要求，测评员在表格相应位置打“√”											
测评员：					记录时间：　年　月　日						

（二）达标评判方法

1. 测评员对每名受测者四级 4 项测评内容合格情况进行评判并记录。

2. 4 项测评内容均合格为达标。

表 5-6　四级测评达标记录表

序号	姓名	性别	测评内容合格情况					达标情况
			单个技能		组合技能	比赛		
			击打移动球	掷远	击打移动球—全垒跑	观测点	得分	
1	×××							
2	×××							
3	×××							
注：将各项测评内容合格情况进行汇总，根据整体合格要求在表格“达标情况”相应位置打“√”								
测评员：					记录时间：　年　月　日			

四、四级测评操作视频

四级测评操作视频

第六章 软式棒垒球课程学生运动能力五级测评

一、五级达标要求

4.2.5 五级达标要求

4.2.5.1 五级技能应符合表 9 的要求。

表 9 五级技能要求

测评内容		合格要求
单个技能	击打移动球	男≥35 m
		女≥20 m
	传平直球	男≥7 次
		女≥6 次
组合技能	接地滚球—肩上传平直球	男≥7 次
		女≥5 次

4.2.5.2 五级比赛应符合表 10 的要求。

表 10 五级比赛要求

测评内容	观测点[b]	合格要求[c]	
慢投垒球五级比赛[a] 进行 3 局，总分获胜队每人加 2 分，平局每队每人加 1 分，每一局比赛中获胜队每人加 2 分，防守队零封对手，每人加 2 分，累计加分	击球	进攻队员将投手掷出的移动球击到比赛场地内的外场有效球	个人总分≥4 分
	上垒	进攻队员击打移动球后跑垒并安全上一垒	
	跑位	防守队员在进攻队员击球后跑位准确或队友间传球时跑位准确	
	接球	防守队员将进攻队员击出的有效球或队友传来的球接住	
	传球	防守队员将球传到队友的胸前	
	接杀	防守队员将进攻队员击出的腾空球接住后进行二次传球	
	封杀	防守队员自己或与队友完成封杀后进行二次传球	
	触杀	防守队员自己或与队友完成触杀后进行二次传球	

续表

[a] 比赛参考《球类运动》。 [b] 内场手 4 个及以上观测点、外场手 3 个及以上观测点应达到合格要求。 [c] 3 名测评员均判定达到要求为合格。

4.2.5.3　五级应符合表 9 和表 10 的要求。

解读

1 击打移动球（以右打为例）

受测者身体左侧正对击球方向，两脚分开与肩同宽，双膝微屈；球棒举到右肩偏后方向，头转向左侧，两眼紧盯抛球机，下巴靠近左肩，重心落于右腿。当抛球机将球发出时，左脚向前上步，支撑脚脚掌蹬转发力，转髋转体的同时，两臂下沉，右侧大臂紧贴身体跟着旋转，击球瞬间右脚脚尖与击球方向一致，挥棒轨迹为斜向上 45°，强调远度。击球后，随着身体的转动，自然进入随挥动作，自然翻腕，将球棒收于左肩后方。（图 6–1）

图 6–1　击打移动球（以右打为例）

2 传平直球（以右手传球为例）

受测者侧向站立，身体左侧正对传球方向，两脚分开与肩同宽，两眼正视传球目标，右手持球于左手手套内，双手放于胸前。左腿抬起向前伸踏，身体重心前移的同时右手持球引至身体右侧前方，手高于肘，肘高于肩；左脚落地（左脚尖对准传球目标）的同时右脚掌发力蹬地、转髋、转体；左臂顺势屈臂收于腰左侧，持球手随着身体转动，胸锁关节带动右臂屈臂、翻腕，掌心向上，快速鞭打，按照大臂、小臂、手腕、拨指的用力顺序将球传向目标。（图 6–2）

图 6–2　传平直球（以右手传球为例）

3 接地滚球—肩上传平直球（以右手传球为例）

受测者身体正对发球机，两脚分开与肩同宽，双膝微屈，重心降低，两眼紧盯发球机，双手自然张开。当发球机发出球后，判断来球，身体迅速移动；左脚向来球正前方上一步，右脚向右前上一步，左脚紧跟向左前方上一步，此时左脚比右脚稍靠前；屈膝屈髋，伸臂将来球接住后迅速收于腰间，衔接右脚交叉步向左脚正前方上一步；左腿抬起向前伸踏，身体重心前移的同时右手持球引至身体右侧前方，手高于肘，肘高于肩；左脚落地（左脚尖对准传球目标）的同时右脚掌发力蹬地、转髋、转体；左臂顺势屈臂收于腰左侧，持球手随着身体转动，胸锁关节带动右臂屈臂、翻腕，掌心向上，快速鞭打，按照大臂、小臂、手腕、拨指的用力顺序将球传向目标。（图 6–3）

图 6–3　接地滚球—肩上传平直球（以右手传球为例）

4 击球

进攻队员将投手掷出的移动球击到比赛场地内的外场有效球。球被接住前，落点在外场或击出外场的高飞球和本垒打的球。

5 上垒

进攻队员击打移动球后跑垒并安全上一垒。

6 跑位

防守队员在进攻队员击球后跑位准确或队友间传球时跑位准确。防守队员能够根据进攻队员的击球方向迅速跑位协防，防止队友传球漏接而补位，具备补防意识。

7 接球

防守队员将进攻队员击出的有效球或队友传来的球接住。防守队员将进攻队员击出的或队友传来的高飞球、平直球、地滚球、反弹球接住。

8 传球

防守队员将球传到队友的胸前。防守队员传到队友胸前的球为平直球。

9 接杀

防守队员将进攻队员击出的腾空球接住后进行二次传球。接杀后具备双杀或控局意识。

10 封杀

防守队员自己或与队友完成封杀后进行二次传球。封杀后具备双杀或控局意识。

11 触杀

防守队员自己或与队友完成触杀后进行二次传球。触杀后具备双杀或控局意识。

二、五级测评方法

软式棒垒球五级测评包括 2 项单个技能测评、1 项组合技能测评、1 项比赛测评。

（一）单个技能——击打移动球

1 场地器材

五级击打移动球测评场地和器材与四级击打移动球测评场地和器材要求相同，另增加皮尺 1 个。见第 59 页。

2 测评员工作

5.5.1.2 **测评员工作**

测评工作应由 2 名测评员完成，其测评工作包括但不限于：

a） 测评员站位如图 17 所示；

b） 1 号测评员在本垒附近，负责记录是否踩线、出击球区、甩棒；

c） 2 号测评员站于外场，记录球的第一落点，取 3 次测试的最远成绩。

单位为米

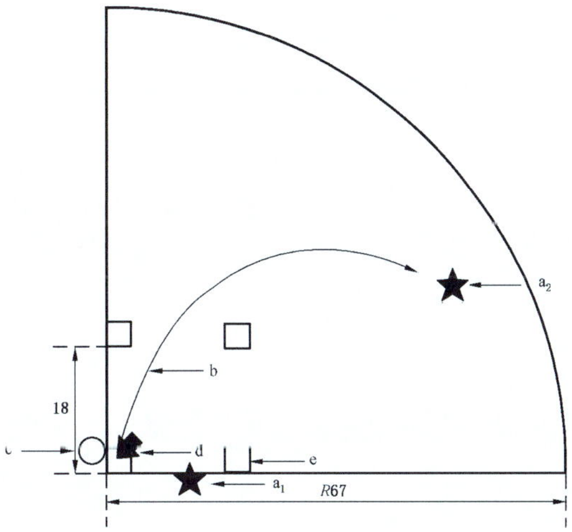

标引序号说明：

a_1、a_2——测评员位置；

b ——击球路线；

c ——受测者位置；

d ——抛球机位置；

e ——垒包位置。

图 17 击打移动球测试示意图

解读

击打移动球测评工作由 2 名测评员完成，2 名测评员站位如图 17 所示。具体分工如下：

（1）1 号测评员：组织受测者有序进行测试，测试前先核对受测者的相关信息，确保信息无误，并让受测者按顺序站成一路纵队；向受测者讲解测试的方法、要求、注意事项等，使受测者明确测试内容，并能按照要求进行测试；将受测者带到击打移动球测评场地进行准备，当受测者准备就绪后，进入击球区；发出“测试开始”

口令后，站于本垒附近，记录受测者是否踩线、出击球区、甩棒。

（2）2号测评员：站于外场，记录球的第一落点，取 3 次测试的最远成绩。

测试结束后，1 号和 2 号测评员一起对受测者的测试成绩进行统计，根据五级单个技能要求进行评判，确定受测者本项测试是否合格并记录在表中。

3 测试步骤

5.5.1.3 测试步骤

受测者测试步骤如下：

a） 进入击球区，如图 17 所示（以右打为例）；

b） 听到测试指令后开始测试；

c） 运用击打移动球技术，将本垒正前方 1 m 处抛球机发出的腾空球击向比赛场地内，测试 3 次。

解读

受测者应在测试前明确击打移动球测试的具体要求，并严格按照上述步骤完成测试。每位受测者有 1 次测试机会。待 1 号测评员宣布测试结束后安全退场。

注意

由工作人员按下抛球机开关并放置测评用球，受测者击球时不能踩线、出击球区，击球后不能甩棒。

（二）单个技能——传平直球

1 场地器材

五级传平直球测试场地与四级击打移动球测试场地相同。在一垒垒包位置放置 1 个打击网（高 2130 mm、宽 2130 mm、深 1000 mm），正对打击网（男生为 25 m，女生为 18 m）的区域为受测者测试区域。其他各类器材的规格和材质要求与击打移动球测评所需器材的规格和材质要求相同，另增加慢投手套 2 个（尺寸为 266 mm ~ 330 mm）。

2 测评员工作

5.5.2.2 测评员工作

测评工作应由 1 名测评员完成，其测评工作包括但不限于：

a） 测评员站立于受测者侧前方，如图 18 所示；

b） 记录成功击中打击网的次数。

单位为米

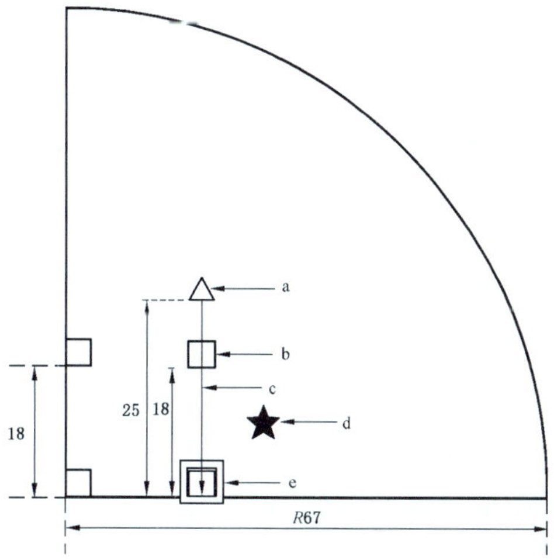

标引序号说明：

a——受测者位置；

b——垒包位置；

c——传球路线；

d——测评员位置；

e——打击网位置。

图 18 传平直球测试示意图

解读

传平直球测评工作由 1 名测评员完成，测评员站位如图 18 所示。具体任务如下：

（1）组织受测者有序进行测试，测试前先核对受测者的相关信息，确保信息无误，并让受测者按顺序站成一路纵队。

（2）向受测者讲解测试的方法、要求、注意事项等，使受测者明确此测试内容，并能按照要求进行测试。

（3）将受测者带到传平直球测评场地进行准备，当受测者准备就绪后，进入测试场地。

（4）发出“测试开始”口令后，站于受测者侧前方，记录受测者成功击中打击网的次数。

（5）测试结束后，测评员对受测者测试成绩进行统计，根据五级单个技能要求进行评判，确定受测者本项测试是否合格并记录在表中。

3 测试步骤

5.5.2.3 **测试步骤**

受测者测试步骤如下：

a） 进入测试区域，与打击网相距 25 m（女生为 18 m）迎面站立，如图 18 所示；

b） 听到测试指令后开始测试；

c） 运用肩上传球技术传球，球的第一落点击中打击网为成功，测试 10 次。

解读

受测者应在测试前明确传平直球测试的具体要求，并严格按照上述步骤完成测试。每位受测者有 1 次测试机会。待测评员宣布测试结束后安全退场。

注意

受测者传球时不能踩线、越线。

（三）组合技能——接地滚球—肩上传平直球

1 场地器材

五级接地滚球—肩上传平直球测评场地与四级击打移动球测评场地相同，在本垒垒包位置放置发球机（发球机球速为 13.89 m/ s ～ 16.67 m/ s）。其他各类器材的规格和材质与击打移动球测评所需器材的规格和材质相同，另增加慢投手套 2 个（尺寸为 266 mm ～ 330 mm）、打击网 1 个（高 2130 mm、宽 2130 mm、深 1000 mm）。

2 测评员工作

5.5.3.2 测评员工作

测评工作应由 1 名测评员完成,其测评工作包括但不限于:

a) 测评员站立于受测者侧前方,如图 19 所示;

b) 记录成功接球并击中打击网的次数。

单位为米

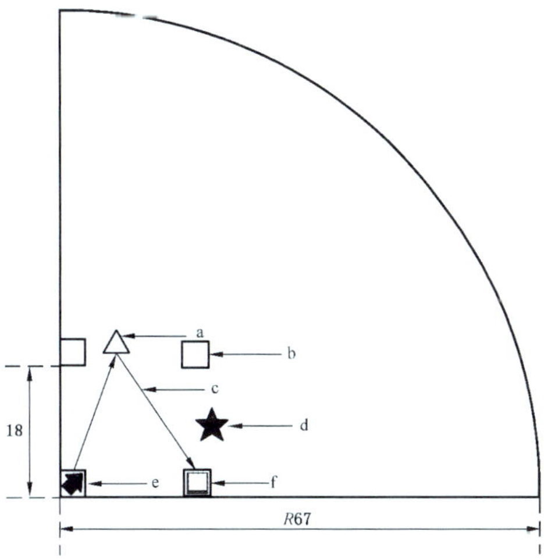

标引序号说明:

a——受测者位置;
b——垒包位置;
c——传球路线;
d——测评员位置;
e——发球机位置;
f——打击网位置。

图 19 接地滚球—肩上传平直球测试示意图

解读

接地滚球—肩上传平直球测评工作由 1 名测评员完成,测评员站位如图 19 所示。具体任务与传平直球测评员的任务相同。见第 79 ~ 80 页。

3 测试步骤

5.5.3.3 测试步骤

受测者测试步骤如下:

a) 进入测试区域,站于三垒防守位置,如图 19 所示;

b) 听到测试指令后开始测试;

c） 运用接地滚球—肩上传平直球组合技能，接本垒位置发球机发出的地滚球后，将球传向一垒位置的打击网，球的第一落点击中打击网为成功，测试 10 次。

解读

受测者应在测试前明确接地滚球—肩上传平直球测试具体要求，并严格按照上述步骤完成测试。每位受测者有 1 次测试机会。测试结束后，在测评员引导下安全退场。

注意

由工作人员按下发球机开关并放入测评用球，受测者要及时预判来球，迅速移动，接传球动作连贯。

（四）慢投垒球五级比赛

1 场地器材

五级慢投垒球比赛场地分为界内区和界外区。界内区域是 1 块半径为 67 m 的直角扇形区域，界外区域是扇形直角线外 5 m 的“L”形地区，其他区域为无效区。扇形的顶角位置为本垒，沿逆时针方向的 3 个方形标记分别为一垒、二垒、三垒，垒包间距为 18 m。扇形的弧线为本垒打线，本垒打距离为 67 m。在本垒与二垒的延长线上距离本垒 12 m 处为投手投球区。返垒限制线距离本垒顶点 5 m，垂直于三垒边线，长度约 1.82 m。击球区位于本垒板两侧是长 2.13 m、宽 0.91 m 的 2 个矩形。界内区域分为内场和外场，内场是由 4 个垒包围成的正方形区域，外场是除内场以外其他的界内区域。各类器材的规格和材质要求同四级慢投垒球比赛测评。

2 测评员工作

5.5.4.2 测评员工作

测评工作应由 3 名测评员完成，其测评工作包括但不限于：

a） 测评员站位如图 20 所示；

b) 1 号测评员组织受测者分组(男生组和女生组),通过随机抽签组成攻守两队,每队 10 人,进行比赛;并在本垒附近观测比赛,负责记录每局得分和 3 局总分;
c) 2 号测评员在一垒附近观测比赛,负责对所有受测者进行测评;
d) 3 号测评员在三垒附近观测比赛,负责对所有受测者进行测评。

单位为米

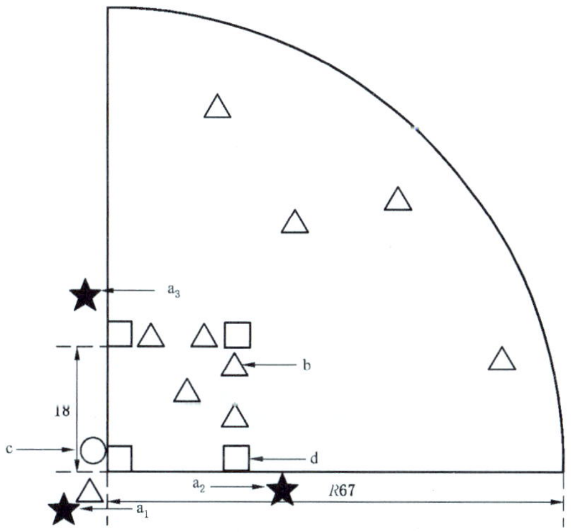

标引序号说明:
a_1、a_2、a_3——测评员位置;
b ——防守受测者位置;
c ——进攻受测者位置;
d ——垒包位置。

图 20 慢投垒球五级比赛测试示意图

解读

慢投垒球五级比赛测评工作由 3 名测评员完成,3 名测评员站位如图 20 所示,具体任务分工与慢投垒球四级比赛测评的 3 名测评员分工相同。见第 67 ~ 68 页。

3 测试步骤

受测者应在测试前明确慢投垒球五级比赛测试的具体要求,五级比赛测试步骤与四级比赛测试步骤相同。每位受测者有 1 次测试机会。三局比赛结束后,等待测评员宣布比赛结果,然后双方致谢。

注意

比赛由 3 名裁判员执裁，受测者遵守比赛规则，击球后不能甩棒等。

三、五级测评工具

软式棒垒球课程学生运动能力五级测评成绩记录与达标评判方法如下。

（一）成绩记录方法

1 击打移动球

（1）1 号测评员对每名受测者击打移动球犯规情况进行评判并记录，2 号测评员对每名受测者击打移动球远度情况进行评判并记录。

（2）受测者采用击打移动球技术动作成功击球（男生≥ 35 m，女生≥ 20 m）为合格。

表 6-1　击打移动球成绩记录表

序号	姓名	性别	有无犯规	击打移动球（m）			合格评定
1	×××	男	无	39	37	36	√
2	×××	女	无	21	18	20	
3	×××	女	无	22	20	21	√
注：此表一式两份，1 号、2 号测评员各一份，测试结束后，2 号测评员进行汇总，并根据整体合格要求在表格相应位置打“√”							
测评员：			记录时间：　　年　　月　　日				

2 传平直球

（1）测评员对每名受测者传平直球完成情况进行评判并记录。

（2）受测者采用传平直球技术动作成功传球（男生≥ 7 次，女生≥ 6 次）为合格。

表 6–2　传平直球成绩记录表

序号	姓名	性别	传平直球（次）										合格评定
1	×××	男	√	√	×	√	√	√	√	√	√	√	√
2	×××	女	√	√	√	×	×	×	√	√	√	√	√
3	×××	女	√	×	×	√	×	×	√	×	√	√	
注：测试成绩有效，在表格相应位置打“√”，并根据整体合格要求在表格相应位置打“√”													
测评员：					记录时间：　年　月　日								

③ 接地滚球—肩上传平直球

（1）测评员对每名受测者接地滚球—肩上传平直球完成情况进行评判并记录。

（2）受测者采用接地滚球—肩上传平直球组合技能成功接传球（男生≥ 7 次，女生≥ 5 次）为合格。

表 6–3　接地滚球—肩上传平直球成绩记录表

序号	姓名	性别	接地滚球—肩上传平直球（次）										合格评定
1	×××	男	√	√	×	√	√	×	√	√	√	√	√
2	×××	女	√	√	√	√	√	×	√	×	√	√	√
3	×××	男	√	√	×	×	√	√	×	×	√	√	
注：测试成绩有效，在表格相应位置打“√”，并根据整体合格要求在表格相应位置打“√”													
测评员：					记录时间：　年　月　日								

④ 慢投垒球五级比赛

慢投垒球五级比赛成绩记录方法及 3 名测评员具体分工与四级比赛相同。其中，1 号测评员采用表 6–4，2 号和 3 号测评员采用表 6–5 记录成绩。

表 6-4　五级比赛计分记录表

比赛双方	第一局		第二局		第三局		总分		总积分	合格评定
	得分	积分	得分	积分	得分	积分	得分	积分		
先进攻队										
先防守队										
注：1 号测评员根据两队得分进行评定，达到合格要求在表格相应位置打“√”										
测评员：			记录时间：　　年　月　日							

表 6-5 五级比赛观测点记录表

序号	姓名	性别	进攻		防守						合格评定
			击球	上垒	跑位	接球	传球	接杀	封杀	触杀	
1	×××										
2	×××										
3	×××										
注：此表一式两份，2 号、3 号测评员各一份，受测者在比赛中出现观测点并达到合格要求，在表格相应位置打“√”											
测评员：				记录时间：　　年　月　日							

（二）达标评判方法

1. 测评员对每名受测者五级 4 项测评内容合格情况进行评判并记录。

2. 4 项测评内容均合格为达标。

表 6-6　五级测评达标记录表

<table>
<tr><th rowspan="3">序号</th><th rowspan="3">姓名</th><th rowspan="3">性别</th><th colspan="5">测评内容合格情况</th><th rowspan="3">达标情况</th></tr>
<tr><th colspan="2">单个技能</th><th>组合技能</th><th colspan="2">比赛</th></tr>
<tr><th>击打移动球</th><th>传平直球</th><th>接地滚球—肩上传平直球</th><th>观测点</th><th>得分</th></tr>
<tr><td>1</td><td>× × ×</td><td></td><td></td><td></td><td></td><td></td><td></td><td></td></tr>
<tr><td>2</td><td>× × ×</td><td></td><td></td><td></td><td></td><td></td><td></td><td></td></tr>
<tr><td>3</td><td>× × ×</td><td></td><td></td><td></td><td></td><td></td><td></td><td></td></tr>
<tr><td></td><td></td><td></td><td></td><td></td><td></td><td></td><td></td><td></td></tr>
<tr><td colspan="9">注：将各项测评内容合格情况进行汇总，根据整体合格要求在表格“达标情况”相应位置打“√”</td></tr>
<tr><td colspan="5">测评员：</td><td colspan="4">记录时间：　　年　　月　　日</td></tr>
</table>

四、五级测评操作视频

五级测评操作视频

第七章 软式棒垒球课程学生运动能力六级测评

一、六级达标要求

4.2.6 六级达标要求

4.2.6.1 六级技能应符合表 11 的要求。

表 11 六级技能要求

测评内容		合格要求
单个技能	击打移动球	男≥7 次
		女≥5 次
	传平直球	男≥7 次
		女≥6 次
组合技能	接地滚球—肩上传平直球	男≥7 次
		女≥5 次

4.2.6.2 六级比赛应符合表 12 的要求。

表 12 六级比赛要求

<table>
<tr><th>测评内容</th><th>观测点[b]</th><th colspan="2">合格要求[c]</th></tr>
<tr><td rowspan="6">慢投垒球六级比赛[a]
进行 3 局，总分获胜队每人加 2 分，平局每队每人加 1 分，每一局比赛中获胜队每人加 2 分，防守队零封对手，每人加 2 分，累计加分</td><td>击球</td><td>进攻队员将投手掷出的移动球击穿内场或外场的有效球</td><td rowspan="6">个人总分≥4 分</td></tr>
<tr><td>上垒</td><td>进攻队员击打移动球后安全上二垒或通过队友击球安全上二垒</td></tr>
<tr><td>跑位</td><td>防守队员在进攻队员击球后跑位准确和队友间传球时补位准确</td></tr>
<tr><td>接球</td><td>防守队员将进攻队员击出的有效球或队友传来的球接住</td></tr>
<tr><td>传球</td><td>防守队员将球传到队友的胸前</td></tr>
<tr><td>接杀</td><td>防守队员将进攻队员击出的腾空球接住后进行二次传球</td></tr>
</table>

续表

测评内容	观测点[b]	合格要求[c]	
	封杀	防守队员自己或与队友完成封杀后进行二次传球	
	触杀	防守队员自己或与队友完成触杀后进行二次传球	

[a] 比赛参考《球类运动》。

[b] 内场手 4 个及以上观测点、外场手 3 个及以上观测点应达到合格要求。

[c] 3 名测评员均判定达到要求为合格。

4.2.6.3　六级应符合表 11 和表 12 的要求。

解读

1 击打移动球（以右打为例）

动作要求与五级击打移动球要求一致。六级以控球为主，挥棒轨迹为平行地面击球，将球击到指定区域。

2 传平直球（以右手传球为例）

动作要求与五级传平直球要求一致。通过 3 个不同距离，控制球速和方向。

3 接地滚球—肩上传平直球（以右手传球为例）

动作要求与五级接地滚球—肩上传平直球要求一致。注意左外场手的接球、传球控制，时间控制、局面控制等。

4 击球

进攻队员将投手掷出的移动球击穿内场或外场的有效球。球被接住前，落点在外场或通过场地内滚动到本垒打线外或直接击出本垒打的球。

5 上垒

进攻队员击打移动球后安全上二垒或通过队友击球安全上二垒。进攻队员自己击球直接安全上二垒；进攻队员本身在一垒，通过队友击球成功上二垒。

6 跑位

防守队员在进攻队员击球后跑位准确和队友间传球时补位准确。防守队员能够根据进攻队员的击球方向迅速跑位协防，防止队友传球漏接而补位，具备补防意识。

7 接球

防守队员将进攻队员击出的有效球或队友传来的球接住。防守队员将进攻队员击出的和队友传来的高飞球、平直球、地滚球、反弹球接住。

8 传球

防守队员将球传到队友的胸前。防守队员传到队友胸前的球为平直球。

9 接杀

防守队员将进攻队员击出的腾空球接住后进行二次传球。接杀后具备双杀或控局意识。

10 封杀

防守队员自己或与队友完成封杀后进行二次传球。封杀后具备双杀或控局意识。

11 触杀

防守队员自己或与队友完成触杀后进行二次传球。触杀后具备双杀或控局意识。

二、六级测评方法

软式棒垒球六级测评包括 2 项单个技能测评、1 项组合技能测评、1 项比赛测评。

(一)单个技能——击打移动球

1 场地器材

5.6.1.1 场地器材

测评场地、器材按如下规定：

a) 场地：同 5.4.1.1a)；

b) 器材：

1) 软式慢投垒球 10 个(ϕ=97 mm；材质：二椰皮+PU 球芯；质量：190 g±5 g)；

2) 球棒 2 根(尺寸：787 mm～864 mm；质量：538 g～681 g；材质：金属合金)；

3) 棒垒球垒包组 1 套(尺寸：380 mm×380 mm×76 mm；白色垒包 3 块、橘色垒包 1 块；质量：5 kg/片)；

4) 本垒板(带钉)1 块(尺寸：430 mm×430 mm×25 mm；质量：2.3 kg；材质：橡胶)；

5) 好球板 1 块(尺寸：950 mm×650 mm×5 mm；质量：4.8 kg；材质：橡胶)；

6) 打击网 1 个(尺寸：高 2 130 mm、宽 2 130 mm、深 1 000 mm)；

7) 抛球机 1 台(抛球高度不低于 1.5 m)。

解读

六级击打移动球测评场地与四级击打移动球测评场地相同，击球区位于本垒板两侧，是长 2.13 m、宽 0.91 m 的 2 个矩形。在本垒正前方 1 m 处放置抛球机，距离发球机正前方 3 m 放置打击网。各类器材的规格和材质要求如上所述。

2 测评员工作

5.6.1.2 测评员工作

测评工作应由 1 名测评员完成，其测评工作包括但不限于：

a) 测评员站立于受测者侧前方，如图 21 所示；

b) 记录成功击进打击网兜的次数。

单位为米

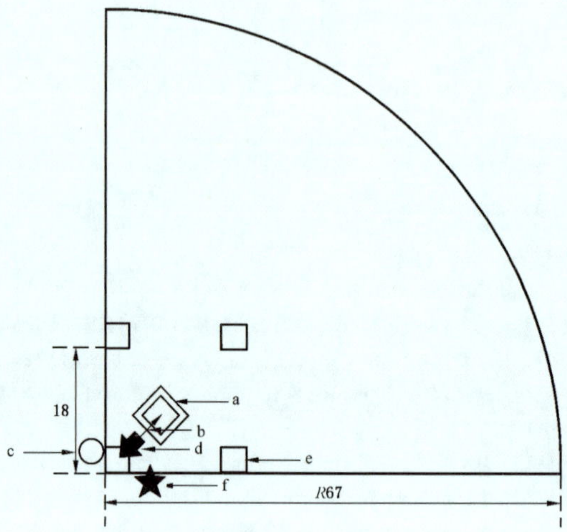

标引序号说明：

a——打击网位置；

b——击球路线；

c——受测者位置；

d——抛球机位置；

e——垒包位置；

f——测评员位置。

图 21　击打移动球测试示意图

解读

六级击打移动球测评工作由 1 名测评员完成，测评员站位如图 21 所示，负责记录受测者击进打击网兜的次数。测评员其他工作任务与五级传平直球测评的测评员任务相同。见第 79 ~ 80 页

3 测试步骤

5.6.1.3　测试步骤

受测者测试步骤如下：

a）进入击球区，如图 21 所示（以右打为例）；

b）听到测试指令后开始测试；

c）运用击打移动球技术，将本垒正前方 1 m 处抛球机发出的腾空球击向 3 m 处的打击网，球的第一落点进入网兜内为成功，测试 10 次。

解读

受测者应在测试前明确击打移动球测试的具体要求，并严格按照上述步骤完成测试。每位受测者有 1 次测试机会。待测评员宣布测试结束后安全退场。

注意

由工作人员按下抛球机开关并放置测评用球，受测者击球时不能踩线、出击球区，击球后不能甩棒。

（二）单个技能——传平直球

1 场地器材

5.6.2.1 场地器材

测评场地、器材按如下规定：

a） 场地：同 5.4.1.1a）；

b） 器材：

1） 软式慢投垒球 12 个（ϕ＝97 mm；材质：二椰皮＋PU 球芯；质量：190 g±5 g）；

2） 慢投手套 2 个（尺寸：266 mm～330 mm）；

3） 棒垒球垒包组 1 套（尺寸：380 mm×380 mm×76 mm；白色垒包 3 块、橘色垒包 1 块；质量：5 kg/片）；

4） 本垒板（带钉）1 块（尺寸：430 mm×430 mm×25 mm；质量：2.3 kg；材质：橡胶）；

5） 好球板 1 块（尺寸：950 mm×650 mm×5 mm；质量：4.8 kg；材质：橡胶）；

6） 打击网 1 个（尺寸：高 2 130 mm、宽 2 130 mm、深 1 000 mm）。

解读

六级传平直球测评场与击打移动球测评场地相同，在一垒垒包位置放置 1 个打击网，正对打击网（男生为 30 m、33 m、36 m，女生为 20 m、23 m、26 m）的距离为受测者测试区域。各类器材的规格和材质要求与六级击打移动球测评所需器材的规格和材质要求相同，另增加慢投手套 2 个（尺寸为 266 mm ~ 330 mm）。

2 测评员工作

5.6.2.2 **测评员**

测评工作应由 1 名测评员完成，其测评工作包括但不限于：

a） 测评员站立于受测者侧前方，如图 22 所示；

b） 记录成功击中打击网的次数。

单位为米

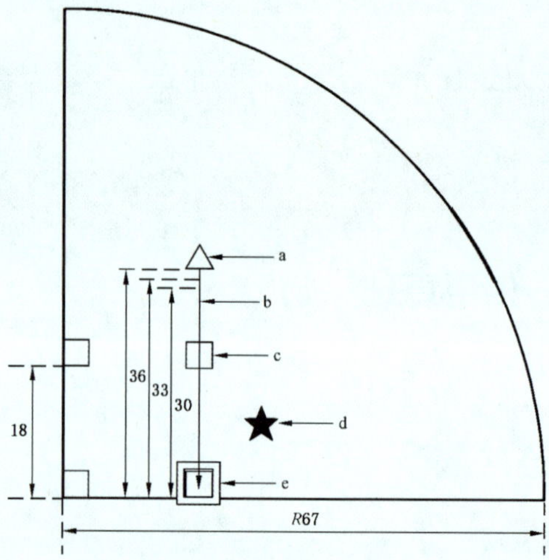

a） 传平直球（男）

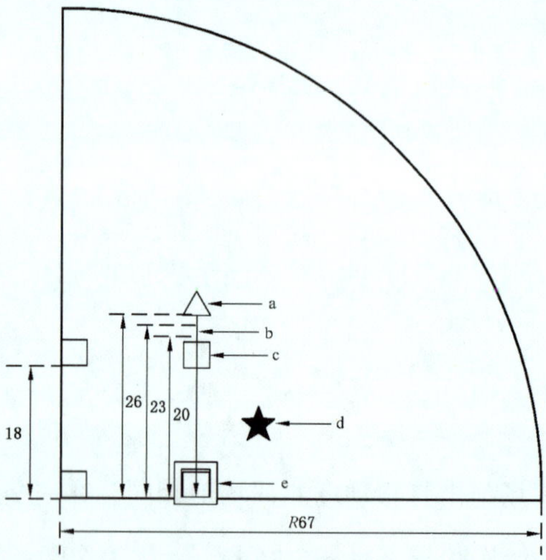

b） 传平直球（女）

标引序号说明：

a ——受测者位置；

b ——传球路线；

c ——垒包位置；

d ——测评员位置；

e ——打击网位置。

图 22 传平直球测试示意图

解 读

六级传平直球测评工作由 1 名测评员完成，测评员站位如图 22 所示，负责记录受测者成功击中打击网的次数。测评员其他工作任务与五级传平直球测评的测评员任务相同。

3 测试步骤

5.6.2.3 测试步骤

受测者测试步骤如下：

a) 进入测试区域，与打击网相距 30 m、33 m、36 m(女生为 20 m、23 m、26 m)迎面站立，如图 22 所示；

b) 听到测试指令后开始测试；

c) 运用肩上传球技术传球，球的第一落点击中打击网为成功，每个距离传平直球 4 次，测试 12 次。

解 读

受测者应在测试前明确传平直球测试的具体要求，并严格按照上述步骤完成测试。每位受测者有 1 次测试机会。待测评员宣布测试结束后安全退场。

注 意

受测者助跑及传球后不能踩线、越线。

(三) 组合技能——接地滚球—肩上传平直球

1 场地器材

六级接地滚球—肩上传平直球测评场地与六级击打移动球测评场地相同，在本垒垒包位置放置发球机（发球机球速为 16.67 m/ s ~ 19.44 m/ s)。其他各类器材的规格和材质要求与传平直球测评所需器材的规格和材质要求相同。见第 91 页。

2 测评员工作

5.6.3.2 **测评员工作**

测评工作应由 1 名测评员完成，其测评工作包括但不限于：

a） 测评员站立于受测者侧前方，如图 23 所示；

b） 记录成功接球并击中打击网的次数。

单位为米

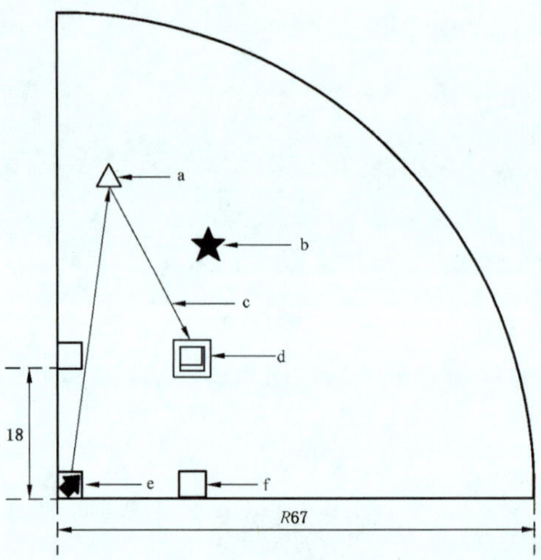

标引序号说明：

a——受测者位置；

b——测评员位置；

c——传球路线；

d——打击网位置；

e——发球机位置；

f——垒包位置。

图 23 接地滚球—肩上传平直球测试示意图

解读

六级接地滚球—肩上传平直球测评工作由 1 名测评员完成，测评员站位如图 23 所示，负责记录受测者成功接传球的次数。测评员其他工作任务与五级传平直球测评的测评员任务相同。见第 79 ~ 80 页。

3 测试步骤

5.6.3.3 **测试步骤**

受测者测试步骤如下：

a）进入测试区域，站于外场左侧防守位置，如图 23 所示；

b）听到测试指令后开始测试；

c）运用接地滚球—肩上传平直球组合技能，接本垒位置发球机发出的地滚球后，将球传向二垒位置的打击网，球的第一落点击中打击网为成功，测试 10 次。

解读

受测者应在测试前明确接地滚球—肩上传平直球测试的具体要求，并严格按照上述步骤完成测试。每位受测者有 1 次测试机会。待测评员宣布测试结束，在测评员引导下安全退场。

注意

由工作人员按下发球机开关并放入测评用球，受测者要及时预判来球，迅速移动，接传球动作连贯。

（四）慢投垒球六级比赛

1 场地器材

六级慢投垒球比赛场地分为界内区和界外区。界内区域是 1 块半径为 67 m 的直角扇形，界外区域是扇形直角线外 5 m 的“L”形地区，其他区域为无效区。扇形的顶角位置为本垒，沿逆时针方向的 3 个方形标记分别为一垒、二垒、三垒，垒包间距为 18 m。扇形的弧线为本垒打线，本垒打距离为 67 m。在本垒与二垒的延长线上距离本垒 12 m 处为投手投球区。返垒限制线距离本垒顶点 5 m，垂直于三垒边线，长度约 1.82 m。击球区位于本垒板两侧，是长 2.13 m、宽 0.91 m 的 2 个矩形。界内区域分为内场和外场，内场是由 4 个垒包围成的正方形区域，外场是除内场以外其他的界内区域。各类器材的规格和材质要求与六级击打移动球测评所需器材的规格和材质要求相同，另增加慢投手套 10 个（尺寸为 266 mm ~ 330 mm）和打击头盔 5 个（规格为 JR52 cm ~ 56 cm、SR56 cm ~ 60 cm；材质为 ABS 树脂、EVA 泡棉），参与比赛的测试者应着号码服。

2 测评员工作

5.6.4.2 **测评员工作**

测评工作应由 3 名测评员完成，其测评工作包括但不限于：

a） 测评员站位如图 24 所示；

b） 1 号测评员组织受测者分组（男生组和女生组），通过随机抽签组成攻守两队，每队 10 人，进行比赛；并在本垒附近观测比赛，负责记录每局得分和 3 局总分；

c） 2 号测评员在一垒附近观测比赛，负责对所有受测者进行测评；

d） 3 号测评员在三垒附近观测比赛，负责对所有受测者进行测评。

单位为米

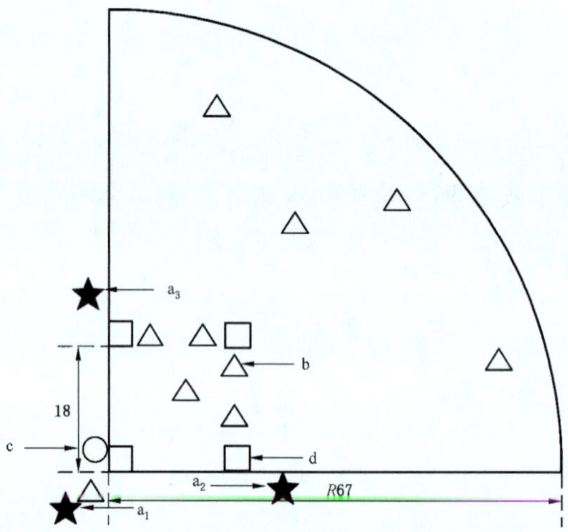

标引序号说明：

a_1、a_2、a_3——测评员位置；

b——防守受测者位置；

c——进攻受测者位置；

d——垒包位置。

图 24 慢投垒球六级比赛测试示意图

解读

慢投垒球六级比赛测评工作由 3 名测评员完成，3 名测评员站位如图 24 所示，具体任务分工与慢投垒球四级比赛测评的 3 名测评员分工相同。见第 67 ~ 68 页。

3 测试步骤

5.6.4.3 测试步骤

受测者测试步骤如下：

a） 分为两队，每队 10 人，进行慢投垒球六级比赛[3 名裁判员参考《球类运动——乒乓球、手球、垒球、羽毛球》(第三版)进行执裁]；

b） 听到测试指令后开始测试；

c） 进攻方 10 人按顺序击球，3 人出局后，双方交换攻守，共进行 3 局。

每名受测者 1 次测试机会。

解读

受测者应在测试前明确慢投垒球六级比赛测试的具体要求，六级比赛测试步骤与四级比赛测试步骤相同。见第 68 页。每位受测者有 1 次测试机会。三局比赛结束后，等待测评员宣布比赛结果，然后双方致谢。

注意

比赛由 3 名裁判员执裁，受测者须遵守比赛规则，击球后不能甩棒等。

三、六级测评工具

软式棒垒球课程学生运动能力六级测评成绩记录与达标评判方法如下。

（一）成绩记录方法

1 击打移动球

（1）测评员对每名受测者击打移动球是否击进打击网兜的情况进行评判并记录。

（2）受测者采用击打移动球技术动作成功击球（男生 ≥ 7 次，女生≥ 5 次）为合格。

表 7-1 击打移动球成绩记录表

序号	姓名	性别	击打移动球（次）										合格评定
1	×××	男	√	√	√	√	×	√	√	×	√	√	√
2	×××	女	√	√	√	×	√	√	×	√	√	√	√
3	×××	男	√	√	×	×	√	×	√	×	√	√	
注：测试成绩有效，在表格相应位置打“√”，并根据整体合格要求在表格相应位置打“√”													
测评员：					记录时间： 年 月 日								

2 传平直球

（1）测评员对每名受测者传平直球完成情况进行评判并记录。

（2）受测者采用传平直球技术动作成功传球（男生 ≥ 7 次，女生≥ 6 次）为合格。

表 7-2 传平直球成绩记录表

序号	姓名	性别	传平直球（次）												合格评定
1	×××	男	√	√	×	√	×	√	√	√	√	√	√	√	√
2	×××	女	√	×	√	√	√	√	×	×	√	√	×	√	√
3	×××	女	√	×	×	√	√	×	√	√	√	√	√	√	√
注：测试成绩有效，在表格相应位置打“√”，并根据整体合格要求在表格相应位置打“√”															
测评员：						记录时间： 年 月 日									

3 接地滚球—肩上传平直球

（1）测评员对每名受测者接地滚球—肩上传平直球完成情况进行评判并记录。

（2）受测者采用接地滚球—肩上传平直球组合技能成功接传球（男生 ≥ 7 次，女生≥ 5 次）为合格。

表 7-3　接地滚球—肩上传平直球成绩记录表

序号	姓名	性别	接地滚球—肩上传平直球（次）										合格评定
1	×××	男	√	√	×	√	√	√	×	√	√	√	√
2	×××	女	√	√	×	×	×	√	√	×	√	√	√
3	×××	男	√	√	√	×	√	√	√	√	√	√	√
注：测试成绩有效，在表格相应位置打“√”，并根据整体合格要求在表格相应位置打“√”													
测评员：				记录时间：　年　月　日									

4 慢投垒球六级比赛

慢投垒球六级比赛成绩记录方法及 3 名测评员具体分工与四级比赛相同。其中，1 号测评员采用表 7-4，2 号和 3 号测评员采用表 7-5 记录成绩。

表 7-4　六级比赛计分记录表

比赛双方	第一局		第二局		第三局		总分		总积分	合格评定
	得分	积分	得分	积分	得分	积分	得分	积分		
先进攻队										
先防守队										
注：1 号测评员根据两队得分进行评定，达到合格要求在表格相应位置打“√”										
测评员：					记录时间：　年　月　日					

表 7-5　六级比赛观测点记录表

序号	姓名	性别	进攻		防守						合格评定
			击球	上垒	跑位	接球	传球	接杀	封杀	触杀	
1	×××										
2	×××										
3	×××										
注：此表一式两份，2 号、3 号测评员各一份，受测者在比赛中出现观测点并达到合格要求，在表格相应位置打“√”											
测评员：					记录时间：　年　月　日						

（二）达标评判方法

1. 测评员对每名受测者六级 4 项测评内容合格情况进行评判并记录。

2. 4 项测评内容均合格为达标。

表 7-6　六级测评达标记录表

序号	姓名	性别	测评内容合格情况					达标情况
			单个技能		组合技能	比赛		
			击打移动球	传平直球	接地滚球—肩上传平直球	观测点	得分	
1	×××							
2	×××							
3	×××							
注：将各项测评内容合格情况进行汇总，根据整体合格要求在表格“达标情况”相应位置打“√”								
测评员：				记录时间：　年　月　日				

四、六级测评操作视频

六级测评操作视频